中华复兴之光
千秋名胜古迹

南北园林风格

李姗姗 主编

汕頭大學出版社

图书在版编目（CIP）数据

南北园林风格 / 李姗姗主编. -- 汕头 ：汕头大学
出版社，2017.1（2023.8重印）
　（千秋名胜古迹）
　ISBN 978-7-5658-2850-8

　Ⅰ．①南… Ⅱ．①李… Ⅲ．①古典园林－介绍－中国
Ⅳ．①K928.73

中国版本图书馆CIP数据核字(2016)第293513号

南北园林风格　　　　　　　　NANBEI YUANLIN FENGGE

主　　编：李姗姗
责任编辑：宋倩倩
责任技编：黄东生
封面设计：大华文苑
出版发行：汕头大学出版社
　　　　　广东省汕头市大学路243号汕头大学校园内　邮政编码：515063
电　　话：0754-82904613
印　　刷：三河市嵩川印刷有限公司
开　　本：690mm×960mm　1/16
印　　张：8
字　　数：98千字
版　　次：2017年1月第1版
印　　次：2023年8月第4次印刷
定　　价：39.80元
ISBN 978-7-5658-2850-8

前　言

　　党的十八大报告指出："把生态文明建设放在突出地位，融入经济建设、政治建设、文化建设、社会建设各方面和全过程，努力建设美丽中国，实现中华民族永续发展。"

　　可见，美丽中国，是环境之美、时代之美、生活之美、社会之美、百姓之美的总和。生态文明与美丽中国紧密相连，建设美丽中国，其核心就是要按照生态文明要求，通过生态、经济、政治、文化以及社会建设，实现生态良好、经济繁荣、政治和谐以及人民幸福。

　　悠久的中华文明历史，从来就蕴含着深刻的发展智慧，其中一个重要特征就是强调人与自然的和谐统一，就是把我们人类看作自然世界的和谐组成部分。在新的时期，我们提出尊重自然、顺应自然、保护自然，这是对中华文明的大力弘扬，我们要用勤劳智慧的双手建设美丽中国，实现我们民族永续发展的中国梦想。

　　因此，美丽中国不仅表现在江山如此多娇方面，更表现在丰富的大美文化内涵方面。中华大地孕育了中华文化，中华文化是中华大地之魂，二者完美地结合，铸就了真正的美丽中国。中华文化源远流长，滚滚黄河、滔滔长江，是最直接的源头。这两大文化浪涛经过千百年冲刷洗礼和不断交流、融合以及沉淀，最终形成了求同存异、兼收并蓄的最辉煌最灿烂的中华文明。

五千年来，薪火相传，一脉相承，伟大的中华文化是世界上唯一绵延不绝而从没中断的古老文化，并始终充满了生机与活力，其根本的原因在于具有强大的包容性和广博性，并充分展现了顽强的生命力和神奇的文化奇观。中华文化的力量，已经深深熔铸到我们的生命力、创造力和凝聚力中，是我们民族的基因。中华民族的精神，也已深深植根于绵延数千年的优秀文化传统之中，是我们的根和魂。

　　中国文化博大精深，是中华各族人民五千年来创造、传承下来的物质文明和精神文明的总和，其内容包罗万象，浩若星汉，具有很强文化纵深，蕴含丰富宝藏。传承和弘扬优秀民族文化传统，保护民族文化遗产，建设更加优秀的新的中华文化，这是建设美丽中国的根本。

　　总之，要建设美丽的中国，实现中华文化伟大复兴，首先要站在传统文化前沿，薪火相传，一脉相承，宏扬和发展五千年来优秀的、光明的、先进的、科学的、文明的和自豪的文化，融合古今中外一切文化精华，构建具有中国特色的现代民族文化，向世界和未来展示中华民族的文化力量、文化价值与文化风采，让美丽中国更加辉煌出彩。

　　为此，在有关部门和专家指导下，我们收集整理了大量古今资料和最新研究成果，特别编撰了本套大型丛书。主要包括万里锦绣河山、悠久文明历史、独特地域风采、深厚建筑古蕴、名胜古迹奇观、珍贵物宝天华、博大精深汉语、千秋辉煌美术、绝美歌舞戏剧、淳朴民风习俗等，充分显示了美丽中国的中华民族厚重文化底蕴和强大民族凝聚力，具有极强系统性、广博性和规模性。

　　本套丛书唯美展现，美不胜收，语言通俗，图文并茂，形象直观，古风古雅，具有很强可读性、欣赏性和知识性，能够让广大读者全面感受到美丽中国丰富内涵的方方面面，能够增强民族自尊心和文化自豪感，并能很好继承和弘扬中华文化，创造未来中国特色的先进民族文化，引领中华民族走向伟大复兴，实现建设美丽中国的伟大梦想。

目 录

环秀山庄

优雅别致的园林建筑　002

名扬天下的湖石假山　006

沧浪亭

012　宋代沧浪亭建筑盛景

023　文化深厚的清代建筑

033　清雅别致的园林风采

无锡寄畅园

040　园林中的精巧建筑

049　皇帝临幸的鼎盛时期

上海豫园

隐逸情怀的明代建筑　056

清代的豫园建筑盛景　063

八大处

八大处的得名和香界寺　070

底蕴深厚的八大处古刹　077

大明湖

092　大明湖的形成与规模

097　唐宋及后世的发展和改造

107　极富韵味的大明湖建筑

环秀山庄

环秀山庄也称"颐园"，位于苏州城景德路。园景以山为主，池水辅之。

环秀山庄以湖石假山名扬天下，尽管庄园面积不大，但庄内峭壁、峰峦、洞壑、涧谷、平台和磴道等山中之物应有尽有，还极富变化之美，因此，环秀山庄有假山"别开生面、独步江南"的美誉。

另外，环秀山庄布局上设计巧妙得宜，湖山、池水、树木和建筑融为一体，人们身处园中，恰如置身于万山之中，可远观，亦可近赏，是我国山景园林的代表作。

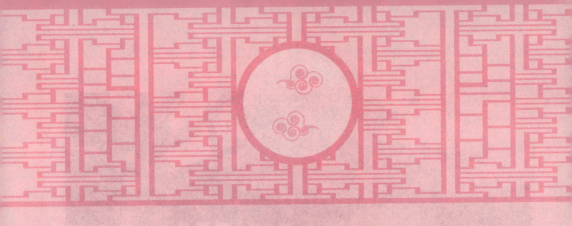

优雅别致的园林建筑

环秀山庄又称"颐园"，位于苏州城中景德路。此地最早的建筑为晋代的景德寺，后来五代时期吴越王钱镠之子钱元璙在此地建造了园林，取名为"金谷园"。

到了宋代，此地为文学家朱长文的药圃。在明代的时候，此地先后被改为了学道书院和督粮道署，后来又成为大学士申时行的住宅。

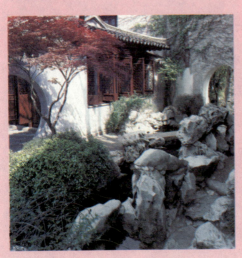

到了清代，刑部员外郎蒋楫购得此地，取名为"环秀山庄"。他在园中建造了"求自楼"，用来收藏经书典集，并于楼后叠石建造了一座假山，还建造了房屋和凉亭。

从北门进入环秀山庄，门内就是一个庭院。院子3面都是围廊，居中的空间之中是两棵大树，东为

玉兰，西为桂花。对应一个非常吉利的口彩，即金玉满堂。此进落底是一座抬梁结构的厅堂，名叫有谷堂，堂内按照清代常规布设家具。

从堂边的回廊走出，便是四面厅。此厅堂是山庄内独体建筑中最大的一座，为卷棚歇山顶的建筑。堂内悬匾一块，是后来红学大师俞平伯手书的"环秀山庄"四个字。

四面厅不像很多其他园林之内的建筑有太多的装饰，也不像浙江等地的厅堂建筑那样拥有很多雕刻，这座四面厅非常朴实和雅致。

环秀山庄虽是清代落成，但四面厅和有谷堂在建筑的装饰和承袭的风格上，却是沿袭了明代追求纯朴、淡雅的思路。

沿着四面厅的西面走，是一组后来复建的建筑边楼。这是一组由不同的单体建筑合成的，从整体看是一组以两层楼的格局为基础的建筑，但是其间又结合进了楼、阁、廊、轩等建筑形式，其中还有云墙、漏窗和花窗等作为辅衬。粉墙黛瓦、青砖朱漆，没有一点堆砌造作，极为舒适自然。

由边楼的南端进入，是一个两层的小阁。阁的底层内有一副写出了整个环秀山庄的美妙对联道：

园林占幽胜看寒泉飞雪高阁涵云；
风景自清嘉有画舫補秋奇峰环秀。

在边楼走廊的墙体上有一排漏窗，每一个漏窗都有自己不同的花饰和造型，非常有韵味。而且在廊墙体上还镶嵌有名家法帖。

在我国古代文人、士大夫在苏州造院子，风雅两字是非常重要的。因此，人们一般都会选取名人的书帖、小品画、扇面等，再雕于砖上嵌在墙内。环秀山庄的这个廊子里，便出现十分珍贵的明代文徵明的行书《赤壁赋》。

园子的北底就是补秋舫，这类似旱船的建筑是园中比较出色的地

方，属于书斋，其花窗是园中诸建筑中最为精美的。

另外，在环秀山庄内还有一口清泉，水质优美，蒋楫以苏东坡试院煎茶诗中"蒙茸出磨细珠落，眩转绕瓯飞雪轻"的意思，题名为"飞雪泉"。泉水流溢汇聚成为一个池塘，在临池的石壁上刻了"飞雪"两个字。

环秀山庄的飞雪泉，曾因年久淤塞不再涌出清泉，但疏通后，源流不绝，有瀑布之观。于是，后人巧妙地用其地作为大假山山涧的源头，山涧中有险巧步石。

每逢大雨过后，瀑布奔流而下，进入池中和主山山腹。石壁占地很少，却洞壑洞崖毕备，构筑自成一体，与主山一主一从，一正一副，极富神韵，壁间有蹬道和边楼相通。

从楼上循山岩而下，可直抵水边，路径极其险峻，妙的是在岩壁合适的位置上都设有扶手石，安排得恰到好处，自然而又不留痕迹，山道尽头临水石矶随水波隐现，富有自然意趣。

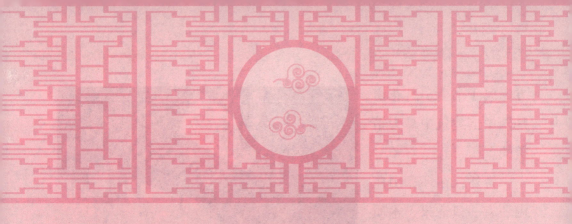

名扬天下的湖石假山

　　环秀山庄，后来相继成为尚书毕沅宅和大学士孙士毅的私宅。

　　到了1807年，大学士孙士毅的后人孙均感觉自己的花园缺少一座像样的假山。于是想到了被称为"奇石胸中百万堆，时时出手见心

裁"的叠山圣手戈裕良。

环秀山庄占地面积不大，并且当时园子已经成型了，无法放开手脚去规划，是一个非常难以借景叠山的院子。

但戈裕良运用"大斧劈法"规划整个假山，简练遒劲，结构严谨，在不到700平方米的园林当中，逼真地模拟了自然山水，尽得造化之妙。从此环秀山庄便以假山名扬天下了。

环秀山庄湖石假山位置偏向园的东边，其尾部伸向东北方向。整个假山占地仅300多平方米，占全园之三分之一，其中峭壁、峰峦、洞壑、涧谷、平台和磴道等山中之物，应有尽有，极富变化。

并且，戈裕良对全山处理非常细致，贴近自然，一石一缝都交代妥帖，可远观亦可近赏，有"别开生面、独步江南"之誉。

在环秀山庄的西面是贯通南北的廊子。廊子一侧靠墙，一侧面向

假山敞开着，略有凹凸收放。廊上建造的阁楼高低错落，颇有韵味。在廊子的南面有一座半亭，和四面厅成对景。

全园空间紧凑，布局巧妙，全园布局是池东为主山，使人有在一畴平川之内，忽地一峰突起，耸峙于原野之上的感觉。

山虽不高，却如巨石磅礴，很有气派。正面的山形颇似苏州西郊的狮子山。主峰突起于前，次山相衬在后，雄奇峻峭，相互呼应。

一山二峰，巍然矗立，其形给人有悬崖峭壁之感。主山以东北方的平冈短阜作起势，呈连绵不断之状，使主山不仅有高耸感，又有奔腾跃动之势。

前后山之间形成宽约1.5米、高约6米的涧谷。山虽有分隔，而气势仍趋一致，由东向西。山后的尾部似延伸不尽，被墙所截。据认为，这是清代"处大山之麓，截溪断谷"的叠山手法。

在主次峰之间种植的花草树木，使整个园林倍感幽深自然。构置于西南部的主山峰，有几个低峰衬托，左右峡谷架以石梁。人们站在石梁上，仰则青天一线，俯则清流几曲，看到的真是一座活泼生动的艺术园林。

　　至西南角，假山形成崖峦，动势延续地向外斜出，面临水池，池水盘曲如带。水上架有曲桥飞梁，用来交通。山脚与池水相接，岸脚上实下虚，宛如天然水窟，又似一个个泉水之源头，与雄健的山石相对照，生动自然。

　　北面是补秋舫。补秋舫前临山池，后依小院，附近浓荫蔽日，峰石嵯峨。这里的山体以大块竖石为骨架，叠成垂直状石壁，收顶峰端，形成平地拔起的秀峰，峰姿倾劈有直插江边之势，好似画中的斧劈法。

　　主山的前山与后山间有两条幽谷，一是从西北流向东南的山涧，一是东西方向的山谷。涧谷汇合于山之中央，成丁字形，把主山分割成三部分，外观峰峦林立，内部洞穴空灵。

　　在山涧之上，用平板石梁连接，前后左右互相衬托，有主、有次、有深度。更由于山是实的，谷是虚的，所以又形成虚实对比。

　　山上种植了各种花草树木。春开牡丹，夏有紫薇，秋有菊，冬有

柏，使山石景观生机盎然。

假山后面有小亭依山临水，旁侧有小崖石潭，借"素湍绿潭，四清倒影"之意，故取名"半潭秋水一房山"。

小亭周围林木清荫，苍枝虬干，饶有野趣。出亭北，沿着石级向下，山溪低流，峰石参差，犹如置身山林之中。

戈裕良所叠的假山，继承了清代著名山水画家石涛的"笔意"，既有远山之姿，又有层次分明的山势肌理，被无数园林大家视为珍品。

据说，当时戈裕良为了环秀山庄的假山，还费了不少工夫呢。自从戈裕良接到蒋楫的邀请为环秀山庄叠山之后便整日愁眉不展。

一日，戈裕良的一个朋友问何故，戈裕良便将为环秀山庄叠山的事告诉了他，朋友听后，对戈裕良说："你不如到大石山转一转！"

于是，戈裕良来到了大石山，结果戈裕良一来就不想走了，他在山中一连盘桓了半月，画了厚厚一叠草图，才满怀信心地回到城里。

不久，环秀山庄的假山就叠成了，峥嵘峻峭，形态逼真，真是"山形面面看，景色步步移"，名冠江南，被誉为"苏州三绝"之一。但很少有人知道，这是戈裕良把大石山浓缩后搬来的结果。

沧浪亭

　　沧浪亭又称为"韩园"，位于苏州城南沧浪亭街，是苏州现存最古老的园林，因抗金名将韩世忠曾在此居住，故名。

　　沧浪亭所在地最早为五代吴越国时期王公贵族居住的地方，到了北宋时期，成了文人苏舜钦的私人花园，才取名"沧浪亭"。

　　沧浪亭以山林为核心，四周环列建筑。沧浪亭外临清池，曲栏回廊，古树苍苍，湖石垒叠。人称"千古沧浪水一涯，沧浪亭者，水之亭园也"。

宋代沧浪亭建筑盛景

沧浪亭位于苏州城南沧浪亭街，最早为五代时吴越国广陵王钱元璙近戚、节度使孙承祐的池馆。

到了北宋，著名诗人苏舜钦买下了这个废园，进行修筑，在园中的水池旁建造了一间小亭。

苏舜钦感于屈原《渔文》中"沧浪之水清兮，可以濯吾缨；沧浪之水浊兮，可以濯吾足"的意境，取名为"沧浪亭"，自号沧浪翁，作《沧浪亭记》，后人亦称此园林为沧浪亭。

沧浪亭后来又经历了多次移置和重建，存留下来的是1696年的清代巡抚宋荦重建的，当时巡抚宋荦有感于苏舜钦文章的品节，英风豪气，磊磊轩昂而自立于天地间，故移亭于山之岭，以为百世楷模者，使后者仰而敬之。

而其他堂馆轩榭，曲廊亭台均依山而筑，置身园内任何一角，必仰视该亭。从此园以亭而名扬天下。虽谓仰慕此亭，实为仰慕苏舜钦其人。

而原沧浪亭则位于水边，在苏舜钦的《沧浪亭记》有记录：

构亭北碕，号沧浪焉。前竹后水，水之阳又竹无穷极。

存留下来的沧浪亭位于古木森郁的假山之顶，树木青翠欲滴，左右石径和斜廊从丛竹、蕉荫之间穿过，意境非常优美。

沧浪亭为正四方形，高旷轩敞，石柱飞檐，古雅端丽。亭子沿口四周为琵琶形牌科，四方石刻上有浮雕仙童、鸟兽及花树图案。在亭中置有石棋盘一张，石圆凳四只。

沧浪亭上有副对联，关于沧浪亭的这副对联，还有一段有趣的传说呢！

有一天，苏舜钦独自来到苏州一带散心，只见此地有块四五亩大小的荒地，三面环水，地上杂植着各种花树，还有一些残败的池台亭阁，便知道这是一处废园。

由于环境清旷，苏舜钦很喜欢这个地方，回头望见河边柳荫下停着一只小船，有个老渔翁正坐在船艄上钓鱼，于是，便走过去和渔翁攀谈起来。

渔翁告诉苏舜钦说："这里过去是五代时吴越国广陵王近戚孙承佑的别墅，当时是座有名的花园哩！孙承佑显赫一时，可是到如今还不是一败涂地。老话说，一代做官七世穷，这话一点不假！富贵荣华，过眼烟云啊！"

苏舜钦觉得渔翁的话很有见地，顿时便断绝了做官的念头，决心悠闲林泉，了此一生。

他对渔翁说："我想把这座废园重新修复起来，你看如何？"

渔翁就对苏舜钦说："相公如果愿意重建此园，那么我一定尽力相助！"

苏舜钦果真花钱买下了这片废园。正当他雇工重修的时候，那个老渔翁跑来对他说："我听老辈人传说，东边水池底下有不少太湖石，都是孙家花园的遗物。"

根据渔翁的指点，果然挖出不少玲珑剔透的太湖石，砌了两座幽静别致的假山，同时建堂造屋，堆山筑亭，浚池理水。由于原来有许多古树乔木，没有多久，便恢复了名园的气象。

苏舜钦望着园外的浩渺烟波，心想这水也确实与自己有点缘分，

忽然记起屈原《渔文》中的名句：

沧浪之水清兮，可以濯吾缨；

沧浪之水浊兮，可以濯吾足！

就把园中傍水的石亭取名为沧浪亭。

石亭上的对联是：

清风明月本无价；

近水远山皆有情。

上联选自欧阳修的《沧浪亭》诗中"清风明月本无价，可惜只卖四万钱"之句；下联出于苏舜钦《过苏州》诗中"绿杨白鹭俱自得，近水远山皆有情"之句。

想好对联后苏舜钦高兴极了，他便立即写了一封长信给欧阳修，把联语的事告诉他。

据说欧阳修接到信后，还亲自赶到苏州向苏舜钦道贺呢。就这样，沧浪亭上的这副有名的对联就流传了下来。

传说在旧时，站在沧浪亭，可以眺南园田野村光，环视四周，极目而望可达数里，园外涟漪一碧，与山亭相辉映。

沧浪亭整个园林以山林为核心，在园林的北岸是面水轩。此轩面朝北，是一个四面厅，面积为100多平方米。

面水轩原为"观鱼处"，在后来的1873年由巡抚张树声重修，取唐代诗人杜甫"层轩皆面水，老树饱经霜"之意，改名为"面水轩"。

面水轩的东南西北四面均为落地长窗，共有56扇，门窗通透，在厅内可从不同角度观赏到轩外的美景。旧时，在轩外溪内植有莲花，一入夏，花繁叶茂，清香宜人。

庭前古木参差交映，轩左复廊一条蜿蜒向东至"观鱼处"。两面可行，内外借景，隔水迎人。面水轩内还有匾额"陆舟水屋"四个字。

闻妙香室坐落在园内东侧，原为读书处，室北遍植梅花。在后来的1873年，巡抚张树声借唐代诗人杜甫《大云寺赞公房》诗中的"灯

影照无睡，心清闻妙香"之意，将其取名为"闻妙香室"。妙香是指这里的梅花之香。

闻妙香室是由东西两屋组成，东为正间，南北贯通。正中间面北的墙上有6扇落地长窗，面南的墙上也有6扇落地长窗，东西两间南北墙上为4扇水纹式和合窗，在西间面西有4扇落地长窗，两边有两扇和合窗。

每到天下逢春时，梅苞初放，寻梅者纷至沓来，倚栏俯凭，繁花妙景尽收眼底。

翠玲珑坐落园内的西南方。此额为后来南宋名将韩世忠居住在沧浪亭中的时候所题，取苏舜钦"秋色入林红暗淡，日光穿竹翠玲珑"之意。后来在1873年，巡抚张树声扩建了翠玲珑。

存留下来的翠玲珑处在葱翠丛中，竹林内老竿挺拔，新篁玉立，疏密相间，层层叠叠，三间小屋犄角而建，面积为160多平方米。

翠玲珑主屋在西，另两屋倚主屋东北角连接相通。主屋北面为矮墙，安置有18扇窗户，南正间有落地长门窗6扇，主屋东西墙正中间各有正方形水纹式和合窗，窗户的大部分裙板上都刻有插瓶、花卉等图案，雕刻非常精美。

每当晨雾未散或夕阳西下，其缥缈奇幻的景色使人陶醉神往，仿佛超尘脱世之境。每当月光初照，光、声、色和影相互交错，清新怡人，令人胸怀澄澈，烦忧全消。旧时的文人骚客常在此静观、觞咏和品茗。

此外，还有流玉石刻。流玉石刻位于小池北侧，南山洞左边一巨石之上。此石立于陡峭洞山之侧，四周石磴陂陀，藤蔓漫布。右侧洞流淙淙，汩汩清泉汇入深谷小池，池周高下起伏、古木参天、浓荫掩日，使人有身处世外桃源之感。

在园林的西北角为锄月轩。锄月轩是后来清代的光绪皇帝借元代

诗人萨都剌诗中的"今日归来如昨梦，自锄明月种梅花"之意，取名为"锄月轩"。

锄月轩为三开间式房屋，面积为100多平方米，正间面南，墙上有6扇落地长窗，左右两间同样面南，各有12扇半窗。轩北面全部为和合翻窗，共计36扇。锄月轩前有一个小天井，自成院落。天井内设大理石圆台圆凳。

到了南宋初年，沧浪亭成为了抗金名将韩世忠的宅第，故又称"韩园"。

韩世忠居住在沧浪亭园中的时候，建造了梅亭，取名"瑶华境界"，意指民间传说中遍植梅花的仙苑幻境。

韩世忠所建的梅亭早已被毁了，存留下来的是后人为了纪念韩世忠重建的，内中还留存着韩世忠的留题。

瑶华境界位于园内南方，是三开间样式，面积将近50平方米。正间的北边墙上开有六扇落地长门窗，腰下为光裙板，窗心仔是海棠菱角。南边墙上开有六扇半腰长窗，窗心仔也为海棠菱角，裙板上有花卉图案。

瑶华境界还有东西小屋两间，南北墙正中各开有长方形不可开启的水纹式固定隔窗，两侧走廊与"明道堂"相连接，形成一体。

瑶华境界四周曾经遍植梅花，表达了韩世忠追求梅花的冰肌铁骨、凌寒独自开、不屈不畏的崇高品德为最高境界。

在同一时期建筑的还有"清香馆"。"清香馆"又名"木樨亭"，但是此亭后来被毁了，存留下来的是后来1873年由巡抚张树声重建的，借唐代诗人李商隐"殷勤莫使清香透，牢合金鱼锁桂丛"的诗句，取名为清香馆。

清香馆坐南面北，处于园内中心偏西侧，为五开间式，面积将近100平方米。在清香馆正中间面北的墙上有一排落地长窗，共六扇。两侧的四间厢房面北的墙上全为半窗，共计24扇。这些长窗及半窗的内心仔均为书条式图案，长窗腰下为光裙板。

清香馆面西的墙上，有落地长门窗四扇，两边两扇和合小窗为宫

式，镶以玻璃。东面也是落地长窗四扇为门。两边也是和合小窗两扇，也为宫式。长窗心仔为书条式，腰下为光裙板。

在清香馆馆前有一道半圆形粉墙漏窗，自成院落。院内植有桂花数枝，苍老古朴，每逢金风送爽之际，丹桂吐蕊，清香四溢。

知识点滴

苏舜钦为了沧浪亭上的对联，还有一段佳话呢！据说，苏舜钦当时写信给正在滁州做官的好友欧阳修，请他为石亭题句，欧阳修立即挥笔写好，托人带到苏州。

苏舜钦一看，写的是"清风明月本无价，可惜只卖四万钱"，便立刻皱紧了眉头，上联那么有意境，但这下联不但粗俗无味，而且也不相对偶。于是，苏舜钦只好将上联挂了出来，下联一直空着。

有一天风和日暖，苏舜钦一时兴起，便写起诗来："东出盘门刮眼明，萧萧疏雨更阴晴。绿杨白鹭俱自得，近水远山皆有情。"

旁边的老渔翁听了苏舜钦的吟诵，高声喊道："相公，这石亭的下联有了！'近水远山皆有情'不正是下联吗？"

从此，沧浪亭的这副由欧阳修和苏舜钦一起写的对联便流传了下来。

文化深厚的清代建筑

　　到了1696年的清代，巡抚宋荦重建了沧浪亭。这次重建，宋荦把园中傍水的沧浪亭移建于假山之巅，并以明代著名画家、书法家文征明的隶书"沧浪亭"为匾额。

　　另外，宋荦在沧浪亭的入口处和园内都增添了许多建筑，为沧浪

亭的山水景色增添了一抹韵味。

沧浪亭最初的正门在南面，朝北的园门刚开始只是一扇小山门。宋荦重修沧浪亭，将原南正门以一道漏窗粉墙围封了，从此北门便成了唯一进入园林的门。

沧浪亭石坊坐落在沧浪亭的入口处不远的地方，坐东面西。它是于清代的宋荦重建沧浪亭时所建，造型古朴雄伟，是进入沧浪亭园林的一个标志性建筑。石坊横楣上镌刻有隶书"沧浪胜迹"四个字，虽然历经沧桑，但风采依旧。

过了石坊，沿河向东的不远处，便是通达沧浪亭园门的三曲石平桥，同为清代的巡抚宋荦所建，建造最初的时候为木构赤栏桥，故三曲石平桥又称红桥。

在宋荦的《重修沧浪亭记》中记载：

跨溪横，'略杓'以通游屐。

在清代长洲诸生张蔚题的《沧浪八咏》中，还有描写"红桥"的诗句：

柳堤水漫接春潮，

山色林光看未遥。

载酒频移青雀舫，

寻花常过赤栏桥。

　　后来红桥因战争和年久失修等原因被毁了，存留下来的石构三曲平桥是后来重修的。

　　1719年，康熙南巡时为表彰地方上的重要官吏，御赐巡抚吴存礼诗一首。吴存礼为了宣扬皇上恩德，重修了沧浪亭，并在门厅与步碕廊间，饬工庀材建御碑亭一座。

　　御碑亭为廊亭，面积将近10平方米，壁间嵌有刻碑，就是康熙皇帝御赐的诗。吴存礼将御诗刻于其中，也是为了警戒后世官吏。

　　后来乾隆皇帝南巡时，路过苏州，也曾驻跸沧浪亭，并流传着一个有趣的故事。

据说，当年乾隆皇帝南巡，路过苏州，住在沧浪亭。有一天，皇帝吃完晚饭，觉得寂寞无聊，便想寻个消遣。他听说苏州的说书很有名气，唱得动听，说得入情，有声有色，非常有趣。于是，传下旨意，要听说书。

苏州城内有个说书的名角叫王周士，名气响彻江浙。苏州知府亲自去请王周士，还特别关照他，在皇上面前，多为他美言几句。

王周士到了沧浪亭，乾隆皇帝正等得不耐烦，要他马上开书。

王周士不动声色，慢吞吞地说："万岁坐在明烛边上，难道不知道四周一片漆黑？小人在黑暗里弹唱动作，万岁如何看见？"

乾隆听了，虽觉得话里带刺，但也有几分道理。只好面带尴尬，命左右赐王周士明烛一根，好令他快快开书。

王周士手捧三弦，站立在那里，仍旧不动。皇上不禁生起气来，问："何故还不开书？"

　　王周士不卑不亢："启禀万岁，小人说书虽是小道，但只能坐下，立着不能说书！"

　　乾隆没听过苏州说书，不知道有这样的规矩。绷起了面孔，粗声粗气地说道："赐座！"

　　内侍马上去搬椅子，心里却犯嘀咕：皇帝面前一等大官，也不敢坐着说话。眼前这个说书的，居然讨到了金凳，心里着实不服气。

　　王周士可不顾这些，大模大样地坐下来。把三弦一拨，"叮叮当当"的声音，既像百鸟朝凤，又像金鼓齐鸣。乾隆听得是眉开眼笑。

　　王周士最拿手的是《白蛇传》。于是就挑了最精彩的一个片断说起来。说到端午节白娘娘怎样误吃雄黄酒，怎样现出了原形吓死许仙，真是讲得绘声绘色，活灵活现。乾隆听得津津有味，点头晃脑，脱口喊出"好"字。

王周士字正腔圆，越说精神越足，一直说到白娘娘盗仙草，回到苏州救活许仙，方才落回。王周士把三弦一放，说道："明日请早！"

乾隆听得兴起，哪肯罢休，连连摆手，道："朕兴致正浓，岂能扫兴？"

内侍上前禀报："皇上，已是五更天了。"

乾隆不得已，吩咐内侍，将王周士留宿在沧浪亭。乾隆皇帝听书听得如醉如痴，神魂颠倒，一天也不能断，成了一个地道的书迷。

后来，他要回京，这样的好书又舍不下，就命王周士随驾进京，外加赐七品冠戴。

王周士到了紫禁城，住在皇宫里，真所谓平步青云。吃得顺口，穿得舒坦，住得宽敞，连走路的地面都是软乎乎、滑溜溜的。

可是，这么惬意的日子，王周士反而过不惯。他觉得关在皇宫里弹唱，就像一只身陷金丝笼的百灵鸟，唱不出新歌，伸不开翅膀。

所以，他找机会借口生病禀明皇上，又回到了苏州。这正应了王周士说过的话："我们说书，总想把书说好，该怎样总是怎样呀！"

因为王周士为了来苏州说书，而宁愿舍弃皇宫的富贵华丽生活，因此后来就有了"沧浪亭胜过皇宫的传说"。

1827年，布政使梁章钜和巡抚陶澍再次重修沧浪亭。梁章钜重修沧浪亭不仅翻新了已有建筑，还新增了门楼和五百名贤祠等建筑。

穿过石构三曲平桥，即到了沧浪亭入园的门楼。门楼刻工精细素雅、简洁大方以"五百名贤祠"为额。在《重修沧浪亭记》有记录：

道光丁亥布政使梁公章钜重修，巡抚陶澍复得吴郡名贤画像五百余人，钩摹刻石，建名贤祠于亭之隙地，每岁时以致祭，盖祠与亭不相袭，人云指目者，犹曰沧浪亭。

面桥临流，闲阁北向，颜曰五百名贤祠者，则名属诸祠，实亭所从入也。

后来门楼毁于兵火，存留下来的是1873年由巡抚张树声重建的。

布政使梁章钜和巡抚陶澍重修沧浪亭时，得到吴郡名贤祠画像500余人，于是，他们命人钩摹刻石，建名贤祠于园中，每岁致祭。

五百名贤祠位于园林的西侧，占地面积将近200平方米，是清代江南最大的儒家祠堂。此祠堂坐北朝南，为三开间样式，东西两侧各有一小耳房。

五百名贤祠祠门全部为落地长门窗，计24扇。长窗心仔为海棠菱角，裙板上刻有大如意头花纹。祠东耳房，东西两墙上有两扇六角菱形翻启小窗，都为冰纹式。

五百名贤祠内壁间嵌有碑刻25方，列有594位名贤刻像。堂内还悬有一个匾额，为"作之师"。这是取自史学经典《尚羽·泰誓》中的：

天佐下民，作之君，作之师。

　　"作之师"也就是为人师表的意思，这里是指五百名贤可作儒家子弟老师，是仕人的师表。

　　五百名贤祠后来毁于兵火，存留下来的为1873年重建的。与五百名贤祠呼应而建的还有月洞。月洞位于"明道堂"与"五百名贤祠"之间的院墙中。

　　月洞面西门上有额"折矩"，月洞面东门上有额"周规"。周规和折矩均取自《礼记》中"周旋中规，折旋矩"之意，是指"五百名贤祠"中名贤的选择，是以儒家的仁与礼的为标准的，他们都是仕途中的楷模。

　　在园林的最南边还增建了印心石屋，此屋全部用黄石堆砌，面积达50多平方米，也由陶澍所建。当时清宣宗亲笔御书"印心石屋"四个字，赐予江苏巡抚陶澍，陶澍为了感谢皇恩在园中建造了此屋，并将皇上御书的"印心石屋"四个大字作门额，以示皇恩浩荡。

　　"印心"是取自佛家《传灯录》中："衣以表信，法乃印心。"

相传，释迦牟尼佛在灵山会上说法，大梵天王献上金色波罗花。释迦牟尼拈花示众，但众僧不解佛意，唯独摩诃迦叶开颜微笑。

释迦牟尼知道只有迦叶悟其心意，遂赐予了迦叶佛法。从那以后，印心就用来比喻释迦牟尼与迦叶不藉言语，心领神会。清宣宗以"印心"赐予陶澍，后人猜测是为了称赞陶澍懂得自己的心思。

"看山楼"就筑于石屋之上，夏时，此地是全园最佳的避暑纳凉之处。

1827年，梁章钜重修沧浪亭时，巡抚陶澎集吴郡名贤画像500余人，钩摹刻石，建名贤祠于隙地，后被毁。

在1873年得以重建，当时搜求刻像，存者大半，觅得拓本。补刻自晋散骑常侍顾公荣至清初尚书彭龄140人，皆旧记所有，并新增自文忠公林则徐至学士吴信中12人。

每五幅刻于一方石上，每幅还刻有传赞四句并姓名职衔，刻像尚能看出各位名贤的相貌，皆为清代名家顾湘舟所刻。

所刻为春秋至清代2500年间与苏州历史有关的人物，大体分政治、文学、忠节、礼义、循吏、经学、隐士、军事、理学、水利、医学、历算12个类别，既有吴籍人氏，也有来苏州任职或居住的名人。

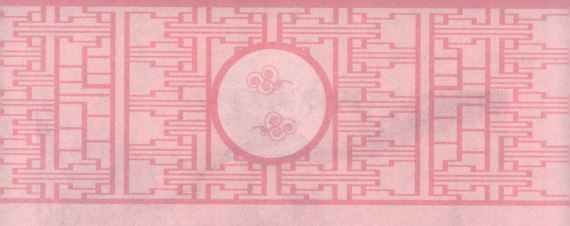

清雅别致的园林风采

1851年至1861年，沧浪亭园林毁于兵火，直到1873年，巡抚张树声才重修了沧浪亭，此次重建，还新增了门厅、明道堂、闲吟亭和见心书屋等建筑。

沧浪亭的入门大厅为三开间，面积达100多平方米，过去作为入园的达官贵人们的停轿之处，轿夫亦可在此小憩等候，故此门厅又名"轿厅"。

门厅的东西两侧壁间嵌有历代重修记刻碑和《沧浪亭全景石刻图》，都是极为珍贵的文物史料。通过这些碑刻，可以充分了解沧浪亭屡废屡兴的沧桑历史。

　　明道堂位于园林的中央，为园中的主厅，面积达200多平方米，旧时为会文讲学之所，额取苏舜钦《沧浪亭记》中"观听无邪，则道已明"之意。

　　相传，民族英雄林则徐任江苏巡抚的七年间，假日常在此把酒会友，吟诗赏戏，纵论天下。

　　明道堂全堂为三大开间，南北正中间，均为落地长门窗，共计12扇，腰下为光裙板，窗心仔为海棠菱角。明道堂左右两间，南北两墙上均为半腰长窗，总计24扇，窗心仔全部为海棠菱角。而堂的东西壁正中间各有一扇长方形固定隔窗，均为水纹式。

　　明道堂整体建筑雄伟壮观，其北山树木丛生，峰峦若屏。堂东西有并行走廊，连接对面的瑶华境界，行走廊内，会给人一种置身山林之感。

　　在"明道堂"南东廊口嵌有砖刻"东菑"。此砖刻在1873年题于

"明道堂"后东侧廊口，但后来遗失了，存留下来的是后来补书的。

"东菑"意指园东初耕的土地，为的是劝耕重农。此额取唐代诗人王维的《积雨辋川作》诗句：

积雨空林烟火迟，
蒸藜炊黍饷东菑。

旧时，园东一带为农田，每年三秋之际，金黄一片，间有茅舍，袅袅炊烟从屋顶冉冉升起，浓郁的田野气息扑面而来。

在"明道堂"南东廊口还嵌有砖刻"西爽"。此砖刻在1873年题于"明道堂"后西侧廊口，但后来遗失了，存留下来的也是后来补书的。

"西爽"意指西方山里的隐逸之气。此额取唐代诗人王维的"若见西山爽，应知黄绮心"诗意，形容这里的山水清静幽雅、水木清华，有隐隐之爽气。

闲吟亭坐落在园内东侧，闻妙香室的北侧。闲吟亭是一间半亭，面积为10平方米左右，翘角飞檐。闲吟亭的名字取自唐代诗人来鹏《病起》诗中"窗下展书难亦读，池边扶杖欲闲吟"的意境，为闲暇吟咏之意。在闲吟亭内壁上，嵌有

乾隆所赐的御诗《江南潮灾叹》刻碑。

见心书屋坐落在园内的东侧，与闻妙香室贯通，隔以天井，内中植以梅花。"见心"即明镜之心，就是心静如止水，无一点邪念，发现人性的真正本源的意思，属于儒家思想。同样为巡抚张树声所建，后来被辟为花房。

巡抚张树声在重修沧浪亭时还增筑了一亭，取名"仰止"，位于"五百名贤祠"左侧，坐西面东，飞檐翘角，面积为5平方米左右，亭中内壁上嵌有清代乾隆御题，明代画家、书法家文征明小像诗的刻碑。其名字的寓意是说五百名贤的德行高尚比山高，足以让后人仰慕。

看山楼位于园中的最南边，楼筑于"印心石屋"之上，可沿石阶登之，共三层，面积为50多平方米。张树声借元代诗人虞集的诗作中"有客归谋酒，无言卧看山"的句子，取名为看山楼。

看山楼底层为石屋，无门。石屋东西两侧的石墙上各有一个梅花形窗格的小方窗。二楼中层的楼梯间，面南的方向有四扇落地罩，两边为两扇平板门将楼梯间隔断。落地罩窗心嵌两字两画，腰下为凸面平裙板。

看山楼飞檐翘角，结构精巧，乃苏州园林中最为美丽别致的建筑之一。其艺术造型犹如一艘方舟停泊于万竿摇空、滴翠韵碧的绿波之上。登楼可俯视南园平畴村舍，远可眺西南楞枷、七子、灵岩和天平诸山，峦峰浮青，意境深远。

除此之外，还有藕花水榭，同样为1873年由巡抚张树声所筑。

藕花水榭位于门厅的西侧南岸，面北临流，三开间，面积将近90平方米。正间有6扇落地长窗，左右两间面南有12扇半窗。长窗及半窗的内心仔花纹均为宫式，光裙板。北面半腰以上为和合窗，共27扇，旧时内嵌明瓦片。

水榭西隔壁为小耳房，面南有六扇落地长窗，窗心仔为宫式花

纹，光裙板。北墙上有一扇六角形翻启窗，冰纹窗格。榭东西两侧各有一个小天井，天井北墙上精美的两个花窗在芭蕉的掩映下自成丽景。

榭左右有廊连接南对面小屋，自成院落。院中两侧植有罗汉松与直柏，均有百年树龄，老而弥坚，苍劲俊逸。院南花坛内，有翠竹为屏，很好地衬托了腊梅、绣球的曼妙身姿。

入夏之后，整个水榭放眼望去千层翠盖，水芝红妆，婷婷袅袅的碧叶红花，摇曳多姿。晨露未干，朝阳初辉的时候，一缕远香迎面而来，亭榭静美，为全园品茗休闲的绝佳之处。

知识点滴

沧浪亭园林中仰止亭的由来，其实是巡抚张树声追随之前的园主宋荦的行为而建。1695年，巡抚宋荦有感于苏舜钦文章品节，英风豪气，磊磊轩昂而自立于天地间，故将沧浪亭移于山之岭，以为百世楷模者，使后者仰而敬之。

其他堂馆轩榭，曲廊亭台均依山而筑，置身园内任何一角，必仰视该亭。从此，园以亭而名扬天下。虽谓仰慕之亭，实为仰慕苏子美其人。

在1873年，巡抚张树声亦追随宋荦所为，在重修沧浪亭时又增筑一亭，取名"仰止"。同时，又是指五百名贤的德行高尚比山高，足以让后人仰慕。

无锡寄畅园

　　寄畅园又名"秦园"，位于江苏省无锡市城西秀美的锡惠山麓，为宋代词人秦观的后裔、明代兵部尚书秦金创建。

　　初名"凤谷行窝"，后来借王羲之"寄畅山水荫"诗意，改园名为"寄畅园"。它是江南著名的山麓别墅式古典园林。

　　寄畅园布局得当，妙取自然，体现了山林野趣、清幽古朴的园林风貌，具有浓郁的自然山林景色。

　　园内登高可眺望惠山、锡山，山峦叠嶂，湖光塔影，现出了"虽由人作，宛自天开"的绝妙境界，是现存的江南古典园林中叠山理水的典范。

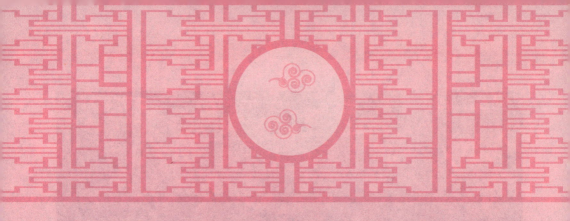

园林中的精巧建筑

　　1506年，宋代词人秦观的后裔、明代兵部尚书秦金来到无锡，购惠山寺僧舍"沤寓房"，并在原僧舍的基址上进行扩建，垒山凿池，移种花木，营建别墅，辟为园，名"凤谷行窝"。

　　凤谷行窝在存留下来的园中为从惠山寺日月池畔入园的第一座建筑。在凤谷行窝门厅右侧墙壁上，嵌刻明代石刻《寄畅园记》。

　　穿过门厅，天井里两块刻石，右边是后来康熙题写的"山色溪光"，概括园内景色。左边是后来乾隆题写的"玉戛金從"，赞美园内八音洞的美妙泉声。

　　第一代主人秦金，

号"凤山",惠山俗称龙山,以"凤山"相对,园名取"凤谷",也是指出此地是"凤藏龙山"的风水宝地。

凤谷行窝大厅前柱子上挂着后来清代文学家翁同龢的篆书楹联:

杂树垂荫,云淡烟轻;
凤泽洁畅,气爽节和。

走廊东门叫"侵云"门,"侵云"为锡峰塔的别名,出此间可望锡峰塔影。西门为"碍月"门,可眺望九龙山峰,因峰高阻碍月色,故名"碍月"。

从"碍月"门出来,是一座苏式小庭院,中间是小水池,用太湖石围砌。周围红柱回廊连接整个庭院,廊的两端各有一个月洞门,分别叫"凝翠"和"含秀"。廊壁上嵌有一部分《寄畅园法帖》石刻。

园中多古木，后倚一墩。土墩是1445年，时任工部侍郎的周忱巡查江苏时，发现惠山寺按"四天之灵"的常规布局，尚缺青龙，故命人聚土堆筑而成。

这一土墩恰好增加了地形上的起伏。水池处于山麓，汇注了山中泉流，漾漾一鉴，增加了生动情趣，古木使园子显得浓荫广覆，苍郁幽栖。

水池位于全园东侧，名为"锦汇漪"，这片碧波荡漾的水面汇集了全园锦绣景色，整园风景正是围绕着这一池流水为中心而展开的。

锦汇漪南北长，东西狭，面积仅有1600多平方米，却显得开阔明朗。东面是临水亭廊，西面地势高处造假山，水面上筑有石桥，使水面成为不规则的巨大镜面，把周围的山影、塔影、廊影、亭影、树影、花影和人影汇集池中。园成之时，秦金作诗道：

> 名山投老住，卜筑有行窝。
> 曲涧盘幽石，长松育碧萝。
> 峰高看鸟渡，径僻少人过。
> 清梦泉声里，何缘听玉珂。

在锦汇漪上有一座石桥名为七星桥，用七条石板直铺而成，故名"七星桥"。七星桥东面临水的是飞檐翘角的"涵碧亭"。

秦金逝世后，园为其族侄秦瀚及秦瀚之子江西布政使秦梁继承。秦梁与父亲秦瀚常坐船或乘轿去凤谷行窝栽花种竹，或与友人饮酒赋诗。

1560年，父子俩又将园子作了一次修整，凿池筑山，费了一番心机，园名亦称"凤谷山庄"。

秦梁过世后，园属其侄都察院右副都御史、湖广巡抚秦耀所有。秦耀系东林党人，1591年，秦耀因其师张居正被追论而解职归乡，回到无锡后，秦耀因朝政失意，心情郁闷，所以就寄抑郁之情于山水之间，一门心思地改造"凤谷行窝"。

秦耀耗用了大量的人力和财力，经过10年辛劳在园内建成卧云堂、锦汇漪、邻梵阁、含贞斋、知鱼槛、八音涧、梅亭和环翠楼等建筑，重修构列20景，秦耀并逐景赋诗。又取大书法家王羲之的"寄畅山水阴"诗句，为家园命名为"寄畅园"。

卧云堂为寄畅园的主体建筑，坐西朝东，前后两进，中隔天井。在后来的清代，其前进曾向东作扩建，并以康熙御书"山色溪光"命名此堂，故又称御书碑厅。史载该堂是后来康熙、乾隆巡幸寄畅园时的接驾处。

卧云堂为具有明代江南建筑风格的三楹五架正贴式圆堂，前卷棚二界，为"一枝香"船棚轩，后带一界廊川。朝东一排落地长窗，后墙正间为长窗，两边次间为半窗。

室内铺方砖，又局部保留原有明代条砖铺地，以存历史信息。悬于前卷棚正中的堂匾，由后来清代皇帝宣统皇帝的四弟书写。卧云堂前月台，围着由莲花望柱、如意纹栏板组成的石栏杆，系当年旧物，沿阶而下，为石板甬道。

从甬道过石桥，前为美人石。美人石为一座3米多高的湖石，它倚墙而立，像窈窕淑女，在方池前以水为镜，梳理发妆，所以人们都叫她"美人石"。

石前有个长方形的池塘，叫"镜池"。人们欣赏"美人石"一定要站在方池的西南角，少女楚楚动人的神态才能惟妙惟肖地展现在面前。

从锦汇漪东岸沿长廊向北，首先看到的是一座六角小亭，亭名"郁盘"，取自唐代诗人王维《辅川园记》中"郁郁盘盘，云水飞动"之句。亭中青石圆台和石鼓凳是明代遗留下来的秦氏旧物。

由郁盘亭向北的长廊叫"郁盘长廊"，为秦耀改造园林时所建。旧廊前后古木成荫，郁郁葱葱，墙上漏窗外竹石花木若隐若现。这里的廊柱特别高，这条长廊也特别高敞。因此在廊内举目四望，锦汇漪对面的高大树木，以及雄伟的惠山都能一览无遗。

在锦汇漪中部的东边，顺着长廊向北，就有一方亭伸入水中，此亭名叫"知鱼槛"。它三面环水，是当年秦耀改建寄畅园时建造的，

建成以后秦耀常常在此凭槛观鱼，怡然自得。

环翠楼位于水池之北，左列亭廊，右傍山冈，安排得体。更精彩的是登此楼南望，可以见到远处的锡山和山上的龙光塔，景色入画，

在锦汇漪的东边为八音涧，又名三叠泉、悬淙涧。此涧是根据晋代文学家左思"何必丝与竹，山水有清音"的名句而命名的。

八音涧是用黄石堆砌而成，人行其中如行幽谷中。八音涧边、假山群中的这些古树，都是有二三百年树龄的古樟，它们枝繁叶茂，直径最粗的有4米。

八音涧西高东低，涧中石路迂回，上有茂林，下流清泉。涓涓流水，则巧引二泉水伏流入园。

八音涧总长36米，深1.9米至2.6米，宽从0.6米至4.5米。作大幅度收放的八音涧，除了山间谷道所擅的阴阳开合、极尽变化的妙致以外，又将引泉、听泉、掇石、藏景等多种造园手法了无痕迹地融合在

一起，显得从容不迫，挥洒自如。

二泉的伏流，从园西墙根引入洞端后，便化为上下三叠，于是无声的泉水就开始变为有声的洞流，创造出"非必丝与竹，山水有清音"的境界。

八音洞的字为清末举人许国凤书题，其名是说它好似用"金、石、丝、竹、匏、土、革、木"等八种材料制成的乐器，合奏出"高山流水"的乐章。

八音洞的掇石艺术，堪称我国古典园林中黄石假山的翘楚。其堆叠技法，是根据黄石山崖之横向折褶和竖向节理所构成的天然岩相，取其纹理刚健、体量浑厚、轮廓分明、线卷遒劲的特点，模拟我国山水画之"大斧劈皴"笔法，选用大块的黄石，把洞壁硬是化作了石脉分明、坡脚停匀、进退自如、曲折有致、悬挑横卧、参差高低、主从相依、顾盼生情的天然图画。

这种师法自然、饶有画理的高超手段，使这里具备了层叠的冈峦、嶙峋的山谷、幽深的岩壑、清浅的洞流，可说是"外呈浑厚苍劲之势，内蕴深邃幽奇之奥"，人行其间，尽得江南山水的神韵意趣。

正是这种幽曲的景观，又规范了人们的视线和对景物的感知，待走到稍为空旷处，便透过树梢罅间的斑驳光线，使

人联想起"明月松间照，清泉石上流"的诗意。

鹤步滩是园中的主山，用当地山石围叠，并用土夯实。造园者把这里的假山当作惠山余脉来处理，使它们气势相连，假山脚下有弯曲谷道，洞水顺流而下，水石相谐，情趣盎然，好似成群白鹤栖息漫步，因此取名"鹤步滩"。

在八音涧的南边便是含贞斋。含贞斋坐西朝东的三门古屋，这里原是园主秦耀读书处，这位官场失意的园主喜欢吟咏"盘桓抚古松，千载怀渊明；岁寒挺高节，吾自含我贞"的诗句，因此斋名也就叫作"含贞斋"。

知识点滴

关于寄畅园的郁金亭还有一个民间传说。

传说在清朝惠山寺有位老和尚，棋艺高超。乾隆游惠山时，棋兴大发，便和他在青石圆台上对弈。结果，乾隆连连得胜。乾隆心想：我的棋艺远不如老僧，为何反而连连得胜？无非我是皇帝，他不敢取胜罢了。

乾隆回宫后派人去打听，查明果然不出乾隆所料，因此乾隆虽然在棋局中获胜，仍郁郁不欢，于是后人就把此棋台取名"郁盘"，亭就叫"郁盘亭"了。

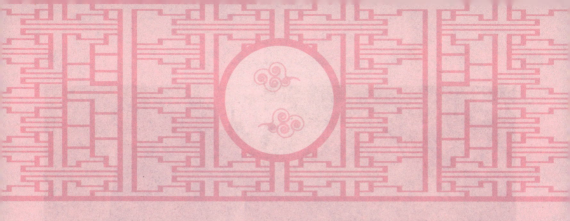

皇帝临幸的鼎盛时期

　　秦耀过世后，按他的遗嘱，寄畅园被分割成了四份，分属他的四个儿子所有。这种状态一直持续到了清代。

　　在清初时期，秦耀的曾孙秦德藻合并改筑，结束分裂局面，挽救了一代名园。秦德藻有6子24孙，这些后裔中有十人授翰林，是极为繁

荣兴盛的一支。

秦德藻延请当时著名的造园名家张涟和张涟的侄儿张轼精心布置，掇山理水，疏泉叠石，园景益胜。

清代康熙和乾隆两帝先后各六次南巡，均必到此园，此时期为寄畅园的鼎盛期。

1746年，秦氏家族商议"惟是园亭究属游观之地，必须建立家祠，始可永垂不朽"，于是将园内嘉树堂改为"双孝祠"，寄畅园改为祠堂公产，故寄畅园又名"孝园"。

1751年，乾隆首次南巡，指定寄畅园为巡幸之地，乾隆认为"江南诸名胜，唯惠山秦园最古"，且"爱其幽致"，因此绘图带回北京在清漪园（也就是颐和园）万寿山东麓仿建一园，命名为"惠山园"。

在1811年后改名为"谐趣园"，并在北京其他地方仿建了他认为最好的五处江南园林。其余四处早已毁弃不存，只有"惠山园"仍完好地保存在颐和园里。

在寄畅园内的美人石前的御碑亭内，还存留着乾隆的御笔。据说，乾隆来此游览时，认为美人石巍然昂首，有大丈夫气魄，将它改名为"介如峰"。

园主人为此特意把乾隆的题字和题诗刻成石碑，立在镜池前面。在石的南墙角，有一块不显眼的石头，好像一只癞蛤蟆，对着美人石张口垂涎，真像癞蛤蟆想吃天鹅肉。

自1684年至1784年的整整100年间，两位皇帝12次巡游江南，每次都必游这里，留下了许多诗章和匾、联。寄畅园中尚保存着康熙"山色溪光"、乾隆"玉戞金枞"御书石匾额各一方。

在清代，《红楼梦》作者曹雪芹的祖父曹寅也在卧云堂题过诗，所咏《惠山题壁》道：

合抱枫香老桂枝，卧云堂上旧题诗。

兹身久分无丘壑，可慕秦家濯足池。

后来，秦氏后裔将私园献给国家，又将原贞节祠纳入园中，使之形成了存留至今的秉礼堂。秉礼堂古朴典雅，装饰扇木格子落地长窗，共有18扇，是执掌礼仪的场所，据说此堂题名是为纪念关公。

曹操软禁关羽后，为试探关羽，只给他一间房，关羽把房让给嫂嫂，自己站在门外，借月光读书到天明。曹操为此佩服至极。园主人更是敬佩关公，题名"秉礼"，即秉烛达旦、遵守礼节之意。

后来，寄畅园中又陆续重修九狮图石，重建嘉树堂、梅亭、邻梵阁等。

穿过桂花树林，看到的是"九狮台"。九狮台是座大型假山，整座假山看上去像九只用太湖石叠成的巨大的雄狮。

据说这是根据元代大画家倪瓒的《九狮图》画稿堆砌而成的。登

上狮首，便是全园最高点，整个园林一览无余。

存留下来的嘉树堂是寄畅园最北面一座建筑，站在堂前，南面秀丽的锡山，山顶的龙光塔和园中的知鱼槛、郁金亭等融合在一起，形成了"山地塔影"的奇妙景象。这是寄畅园小中见大的建园风格的体现。

梅亭位于八音涧假山之巅，站在梅亭居高临下，俯仰有情。往前行，更奇的是在"山穷水尽疑无路"处，忽折而别开一径，更窄、更曲、更幽，等走出洞窟似的洞口，豁然开朗，嘉树堂前、锦汇漪畔，柳暗花明又一村。远眺更有"闲闲塔影见高标"的锡山龙光塔映入眼帘，使景观备显宽展。

这又是小中见大之"先抑后扬"造园手法的巧妙运用。行家谓之"藏景"，所谓"景愈藏，境界愈大"。而且这藏景又与借景相结合，故能造就出意外的艺术效果。

八音洞出口处，还是寄畅园山水景观的转换枢纽，由此折而右拐，别开生面，游兴跌宕，步入鹤步滩。

邻梵阁位于园子的南边。梵界即为佛界，阁建在假山上，因紧靠惠山寺，故名"邻梵阁"。原来的建筑已毁，存留下来的是后来根据明代王稚登《寄畅园记》的记载重建的，在邻梵阁眺望，锡山风光尽收眼底。

在寄畅园中，人们还可欣赏到《寄畅园法帖》石刻，一共200多方，分布在郁盘亭长廊、秉礼堂和含贞斋的墙上，以及邻梵阁、嘉树堂中。

这些法帖是清嘉庆年间秦氏家族在乾隆所赐《三希堂法帖》的基础上，搜集宋、元、明、清名家，如秦观、文徵明、董其昌、刘塘等的墨迹，精雕细刻而成。

存留下来的是1981年根据旧拓本重新摹刻的，基本再现了古时风采。在含贞斋南侧围墙上，还保存着零星残存的原有石刻。

上海豫园

　　豫园位于上海市老城厢东北部，北靠福佑路，东临安仁街，西南与老城隍庙、豫园商城相连，是老城厢仅存的明代园林。豫园内楼阁参差，山石峥嵘，湖光潋滟，素有"奇秀甲江南"之誉。

　　豫园始建于1559年，原是明朝潘氏的一座私人花园，以清幽秀丽、玲珑剔透见长，具有小中见大的特点，体现明代江南园林建筑艺术的风格。

　　全园布满亭台楼阁，曲径游廊相绕，奇峰异石兀立，池沼溪流与花树古木相掩映，规模恢宏，景色旖旎，是江南古典园林中的一颗明珠。

隐逸情怀的明代建筑

潘允端是明刑部尚书潘恩之子，1559年，潘允端以举人应礼部会考落第，萌动建园之念，在上海城厢内城隍庙西北隅，家宅世春堂西的大片菜畦上"稍稍聚石凿池，构亭艺竹"，动工造园。

1562年，潘允端出仕外地，无暇顾及建园，在潘允端写的《豫园记》中说：

垂二十年，屡作屡止，未有成绩。

1577年，潘允端自四川布政司解职回乡，便集中精力再度经营扩修此园，并聘请园艺名家张南阳担任设计和叠山。此后，园越辟越大，池也越凿越广。

1620年左右竣工，总面积称46000多平方米。当时正值江南文人造园兴盛时期，上海附近私家园林不下数千，而豫园"陆具岭涧洞壑之胜，水极岛滩梁渡之趣"，其景色、布局、规模足与苏州拙政园、太仓弇山园媲美，公认为"东南名园冠"。

但豫园后来屡遭破坏，潘允端所建的均已被毁，存留下来的豫园东部的主要建筑有玉玲珑、玉华堂、积玉水廊、积玉峰、会景楼和九狮轩等。

玉玲珑为江南三大名石之一，高约3米多，玲珑剔透，周身多孔，具有皱漏瘦透之美，为石中甲品。古人曾谓："以一炉香置石底，孔孔烟出；以一盂水灌石顶，孔孔泉流。"玉玲珑后有照壁，照壁南面壁上有"寰中大块"几个大字，意为"天下大快"。

正对玉玲珑有一书斋，以玉玲珑石上的"玉华"两字命名，为玉华堂，堂上匾"玉华"两字是明代文征明的手迹集字，堂前有白玉兰两棵，东侧是积玉峰和积玉水廊。

玉华堂原为潘允端书斋，后来清代重建，改名为香雪堂。后再次被毁，重建后仍名玉华堂。堂内按文人书房布置，陈列着明代紫檀木画案等珍贵家具。

积玉水廊倚豫园东围墙，临曲池；积玉峰立于廊间，玲珑剔透。池西及玉华堂前后，流水漾洄，山石嵯峨，花木扶疏，植白玉兰、白皮松和翠竹，幽雅恬静。

会景楼位于豫园中央，登楼可观全园景物，故名"会景楼"。

九狮轩在会景楼西北，轩前置月台，可凭栏观赏池中荷花。

豫园西部有假山、亭子、元代铁狮、萃秀堂、亦舫、万花楼、鱼乐榭、复廊、两宜轩、点春堂还有和煦堂等建筑。

大假山为豫园镇园之作，是明代著名叠山家张南阳唯一传世作品。高约12米，用数千吨武康黄石堆砌而成。假山峰峦起伏，磴道纡曲，洞壑深邃，清泉若注。山上花木葱茏，山下环抱一泓池水。游人登临，颇有置身山岭之趣。后来清末名人王韬曾描绘：

　　奇峰攒峙，重峦错叠，为西园胜观。其上绣以莹瓦，平坦如砥；左右磴道，行折盘旋曲赴，或石壁峭空，或石池下注，偶尔洞口含呀，偶尔坡陀突兀，陟其巅视及数里之外。

　　循径而下又转一境，则垂柳千丝，平池十顷，横通略约，斜露亭台，取景清幽，怳似别有一天。于此觉城市而有山林之趣，尘障为之一空。

豫园时废时兴，大多建筑都已被毁，而大假山仍保持旧观。大假山上有二亭，一在山麓，名"挹秀亭"，意为登此可挹园内秀丽景色。一在山巅，称"望江亭"，意为立此亭中"视黄浦吴淞皆在足下。而风帆云树，则远及于数十里之外"。

在仰山堂东游廊口，有一对铁狮，姿态生动，铸工精致。座上各有款识：

章德府安阳县铜山镇匠人赵璋……，大元国至元廿九年岁次庚寅十月廿八日。

赏狮穿廊绕墙而入即游廊，为入大假山之通道，跨于池上。廊间设方亭，有匾为"渐入佳景"。匾下有一太湖石，状似美女柔腰顾盼，名"美人腰"。池水山景，近在咫尺，有引起游人信步之意。

亦舫在萃秀堂东墙外，俗称船厅。明代以后，江南园林常在水边建石舫，用以临水赏月，而直接在陆地上筑舫不多见。

万花楼为花神阁遗址，后称"万花深处"，后来重建时添建格思堂，仅存一楼。当时主要用于祭祀活动和同业议事，以人神仅咫尺相

隔而名"神尺堂"。后又恢复"万花楼"名。

　　鱼乐榭跨于溪流之上，傍山临水，凭栏可观赏水中游鱼。溪上筑一垛隔水花墙，墙上有漏窗，墙下处有半洞门，水从洞门流去。"鱼乐"蕴含园主人对庄子的仰慕和避世隐逸的心情。

　　在这里还可以欣赏到一处生动的虚隔产生遐想的景观，榭前小溪，一饰有漏窗和半圆洞门的粉墙，不落水面，横临溪上，小溪从拱形墙下淌去，让人产生"小溪不知流向何处"的遐想。

　　鱼乐榭东北是一条曲折别致的复廊，中间用墙分隔。中间构筑方亭一座，匾额曰"会心不远"。此意出自南朝的笔记小说《世说新语》：

　　　　会心处不必在远，翳然林木，便有濠濮间想，觉鸟兽禽鱼自来亲人。

意为并非要到遥远之处才能领悟万物造化要旨。

复廊东段用墙分隔为两条。墙上设窗洞，从窗洞左顾楼台掩映，右望溪流峰石，宛如小品图画。复廊东有小轩，"观山观水两相宜"，为"两宜轩"。两宜轩位于复廊南侧，面山对水，有古人"观山观水两相宜"的情趣。

和煦堂在打唱台南面，面山背水，四面敞开，夏凉冬温，故取名"和煦"。后面水池畔有假山，山下有洞，流水潺潺。山上有方形小轩，名"学圃"。八角亭与学圃隔池相峙，亭中有古井一口，井栏为明代之物，称"古井亭"。

和煦堂东部假山上有座抱云岩，水石缭绕，洞壑深邃。抱云岩上有小楼，上下二层，上层名"快楼"，下层称"延爽阁"。登快楼可眺西面大假山和豫园全景。延爽阁画栋垂檐，精致错落。

点春堂北有藏宝楼，上下各五间。东有静宜轩、听鹂亭。据地方志《上海县续志》记载，点春堂初建时附近还有钓鱼矶、水神阁、一笑轩、庄乐亭等建筑，早已毁弃。

知识点滴

豫园的玉玲珑假山还有一个不平凡的来历呢！

北宋时宋徽宗在开封构筑"艮岳"，把各地搜罗的奇花异石运到京师。水运花石，拾船为一"纲"，谓之"花石纲"，其中多有散佚，玉玲珑就是其中之一。

到了明代，玉玲珑辗转到了浦东储家，储家与潘家是亲家，储故世后没有子嗣，玉玲珑随储家之女陪嫁到潘家。过黄浦江时，风大浪高，沉入江底，打捞时又发现另一块石头，即现在玉玲珑的底座，一起打捞上来了。

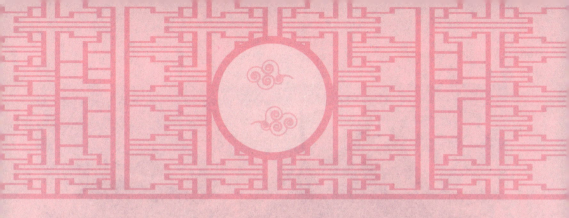

清代的豫园建筑盛景

潘允端在《豫园记》中说："匾曰'豫园'，取愉悦老亲意也。"

"豫"，有安泰、平安之意，由此可见潘允端建园目的是让父母在园中安度晚年。但因时日久拖，潘允端的父亲潘恩在园子刚建成时便亡故了，豫园实际成为潘允端自己退隐享乐之所。

潘允端常在园中设宴演戏、请仙扶乩、相面算命、祝寿祭祖、写曲本、玩蟋

蟀、放风筝、买卖古玩字画等，后来，潘氏家业衰落，潘允端死后，园林日益荒芜。

明末，潘氏豫园一度归通政司参议张肇林，而张肇林也就是潘允端的孙婿。

到了清初，豫园也是几度易主，园址也被外姓分割。康熙初年，上海一些士绅将豫园几个厅堂改建为清和书院，堂中供奉松江知府张升衢长生禄位。书院尚未修竣，因故停工。园中亭台倾圮参半，草满池塘，一些地方成了菜畦，秀丽景色已成一片荒凉。

1709年，上海士绅为公共活动之需，购得豫园东部部分地区建造庙园，即灵苑，又称东园。1760年，一些豪绅富商集资购买庙堂北及西北大片豫园旧地，恢复当年园林风貌，历时20余年。因已有"东园"，故谓西边修复的园林为"西园"。

在这一时期建造的建筑有得月楼、绮藻堂、三穗堂和萃秀堂等。

得月楼建于1760年，位于玉华堂、玉玲珑西面，两面临水。取"近水楼台先得月"之义而名。得月楼为二层楼房，建筑精致，画梁彩栋，修廊曲栏，华丽幽静。

得月楼前有"皓月千里"匾额，皓月当空时，俯视湖心亭、九曲桥上的月光，别有情趣。清人可一副描写得月楼"本地风光，旧时月色"的联语，耐人寻味。

绮藻堂位于得月楼下，以"水波如绮，藻彩纷披"得名。堂内装潢美观，别具一格。堂檐下有100个不同字体的木雕"寿"字，称为"百寿图"，富有民族特色。堂前一天井，犹如方茶壶，内有匾额"人境壶天"。左侧围墙上有清代"广寒宫"砖刻。

萃秀堂位于大假山东北峭壁下。1760年始建，1770年竣工。1813

年由西园庙产转属饼豆业公所，并经大规模修葺，建筑构造精粹，幽静峻洁。四周拦以围墙，堂前峰峦林立，花木阴翳。

修复后的西园、东园性质上已非私家花园，成了供城邑士人乡绅们集会雅玩的寺庙园林，但规模布局还依照潘氏豫园，保留了文人宅园明秀雅洁的风貌。原临荷花池的乐寿堂已颓圮，复建西园时，在原址上建起形制高大、华丽宽敞的三穗堂。

三穗堂位于豫园正门处，原为乐寿堂，清初曾被征为上海县衙办公之地，改建西园时重筑为三穗堂。其意"禾生三穗，乃丰收之朕兆"。有五间大厅，屋宇宏敞。三穗堂大厅中间有"城市山林"和"灵台经始"匾额。

匾额下是豫园主人潘允端撰文的《豫园记》，扇上雕刻着稻穗、黍稷、麦苗和瓜果。三穗堂南临大湖，堂前桧柏分植，景观颇广远，湖心有亭，渺然浮水上，东西筑石梁，九曲以达于岸。

三穗堂在清代中叶为豆米业公所议事、定标准斛之所，又称"较

斛厅"。还曾是官府召集乡士绅商宣讲皇帝谕旨之处，是当时沪上绅士富商政治、经济活动场所。三穗堂南有荷花池、凫佚亭、绿波廊、濠乐舫、鹤闲亭、清芬堂和凝晖阁等建筑。

点春堂于清道光初年为福建花糖业商人所建，以作公所之用，共5间。厅堂画栋雕梁，宏丽精致，门窗的扇上雕刻戏曲人物，栩栩如生。堂名取宋代诗人苏轼词"翠点春妍"之意。

点春堂厅堂面对一座小戏台，镂金错彩，式样精巧，名"凤舞鸾吟"，俗称打唱台，是当年花糖业公所宴请演唱和岁时祭供之处。

打唱台东南有小假山，水从假山下石窦中流出，汇成小池，戏台一半架在池中，非常幽雅。点春堂后有临水槛，可凭槛观鱼，有匾额"飞飞跃跃"，字体飘逸洒脱。

后来因兵火，豫园香雪堂、点春堂、桂花厅、得月楼、花神阁、莲厅皆遭损毁。清嘉庆、道光年间，上海商业发展较快，一些商业行会在豫园设同业公所，作为同业间祀神、议事、宴会、游赏之处。1868年西园划分给各同业公所，各自筹款修复。

仰山堂便是此时建造的。仰山堂位于三穗堂之后，与大假山隔池相望，1866年所建。底层称仰山堂，上层为卷雨楼。仰山堂共五楹，后有回廊，曲槛临池，可小憩。远望大假山景，池中倒影可鉴。

卷雨楼为曲折楼台，取唐诗"珠帘暮卷西山雨"之意，雨中登楼，烟雾迷蒙，山光隐约，犹如身入雨山水谷之中，为豫园绝景。

此后园内茶楼酒馆相继兴起，商贩丛集，荷花池西南一片空地上，一些江湖艺人，诸如相面测字、卖梨膏糖、拉洋片等在此设摊，逐渐成为固定庙市，后演变为商场。

1894年，布业公所为纪念古代纺织家黄道婆建造了织亭。织亭位于绮藻堂和荷花楼之间的西廊中间，面对湖心亭、九曲桥，背向五老峰、月府砖刻。亭以扇与廊相隔，扇裙板上刻有"耕织图"。

藏书楼也是在这一时期建造的。藏书楼又名书画楼，位于得月楼对面，曾是有名的书画市。

20世纪初期，豫园已被一条东西小路分割成南北两爿，古建筑破漏，面目全非，所幸园中重要部分点春堂、三穗堂、大假山和一些亭台楼阁、古树名木，仍得以保存。

八大处

八大处位于北京市西郊西山南麓，园内有灵光寺、长安寺、三山庵、大悲寺、龙泉庙、香界寺、宝珠洞、证果寺八座古寺，"八大处"由此得名。

八座古刹最早建于隋末唐初，历经宋、元、明、清历代修建而成。其中灵光、长安、大悲、香界、证果五寺均为皇帝敕建。

八大处公园是由三山环抱，古人赞曰"三山如华屋，八刹如屋中古董，十二景则如屋外花园"，又有云"香山之美在于人工，八大处之美在于天然，其天然之美又有过于西山诸胜"。

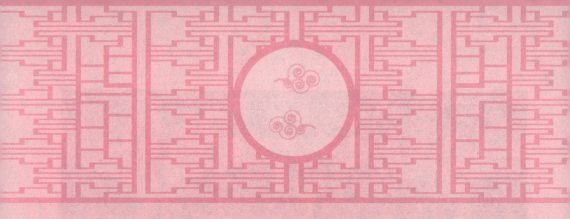

八大处的得名和香界寺

八大处地处太行山余脉，位于翠微、平坡和卢师三山之间，方圆3.32平方千米，最高峰海拔为464.8米。三山呈环绕状，形似一把巨大的太师椅，形成了八大处特有的冬暖夏凉的小气候。

这里的自然风景绮丽动人，四季风景如画。

春天，满山遍野的杏花、桃花、迎春花和连翘花等纷纷盛开，团团簇簇，煞是好看；夏天，峰峦叠翠，苍秀清雅，鸟啼鹃啭，流泉汩汩；秋天，十多万棵黄栌、火炬和元宝枫等各种红叶树种，秋霜过后，满山流丹；进入寒冬，银装素裹，积雪凝素。

天下名山僧占多，我国北方地区，梵刹林立，钟鼓相闻。其中的八大处三山环抱，因保存完好的八座古刹而得名，又以自然天成的"十二景"闻名遐迩。

香界寺坐北朝南，占地近13000平方米。整个寺院规模宏大，殿宇巍峨，门户重重，构造精良。全寺建筑依山取势，层层高趋，叠叠有致，其雄伟壮丽的寺容堪为八大处诸寺之冠，其丰富珍贵的内藏也不愧为三山之首。

香界寺创建于唐代，始称"平坡大觉寺"，后经历代重修，先后更名为"大圆通寺""圣感寺"和"香界寺"。

香界寺布局严整，左右对称，沿中轴线由南向北依次为山门殿、大乘门、天王殿、大雄殿、西方三圣殿和藏经楼。

山门殿面阔三间，汉白玉券门，檐下嵌汉白玉石额，上刻"勅建香界寺"五个丹漆大字，是乾隆御笔。殿中对塑的哼哈二将立像，戎装怒目，状极威猛，不失"金刚力士"的孔武。

进大乘门是一平展院落，院中有钟鼓楼左右峙立。此二楼均为重檐歇山卷栅顶楼阁式造型，高大精美，足以显耀"勅建香界寺"巨刹的威仪。

鼓楼下玉石围栏内是一棵古老的油松，数枝巨权遒劲盘曲，枝叶交互分披于大乘门和钟鼓楼之上，有如苍龙闹海，状极雄奇，因而有"龙松"的美誉。

登上几级石阶便是天王殿，券门和槛窗都以汉白玉石精雕而成。殿内两侧列泥塑彩绘四大天王，面色各异，法器有别，形象威猛可畏。

迎面供奉手持"佛手"、阔面宽睖、笑貌可掬的弥勒菩萨坐像。此塑像源本于我国五代时期的一位高僧，真名为"契比"，人称"布袋和尚"。

传说他经常背着一个布袋入市，见物即乞，出语无定，随处寝卧，形如疯癫，自称是"弥勒"的化身。广大中原地区寺庙中所供奉的"大肚弥勒佛"便是以他的形象塑造的。

天王殿北是大雄宝殿，面阔五楹，朱漆明柱，门窗雕饰着精美的三交六椀梭花纹样，殿中供奉着贴金三世佛和十八罗汉坐像。

大雄宝殿前有两通型制高大、雕造精美的石碑。东首石碑，龟座螭首，碑阳精刻康熙年间的《御制圣感寺碑文》，碑阴镌刻的是《御制香界寺碑文》，此碑为乾隆年间重修工毕之后所立的。

大雄宝殿的西侧是一方青石巨碑，碑坐四周精雕着梅鹿海马图文，碑阳为"大悲菩萨自传真像"，菩萨的面部雕着胡须。碑阴为"敬佛"两字，两字大如斗口，庄严凝重，是康熙大帝的御笔。

据有关专家考证，"大悲菩萨自传真像"是典型的明代佛教雕塑艺术珍品，其艺术风格与北京法海寺的明代壁画一脉相承。

这幅雕像，采用的是传统的阴刻平雕手法，线条流畅，气韵传

神。雕像头戴法冠，项佩璎珞，丰腮广额，唇续髭须，一派雍容华贵气象。

碑的左侧还有一篇阴刻的行草诗文。字体隽秀遒健，是清代嘉庆皇帝的御笔。

据寺僧们传说，这通石碑是康熙皇帝发现的。当年，康熙帝来香界寺礼佛，行至大雄宝殿前忽然双腿一软跪在了地上，眼前倏然浮现出了观音菩萨的音容，康熙大为惊诧，忙令僧众诵经礼忏，自己也连连念诵菩萨名号，好一阵才回过神来。

随即命人在跪倒之地挖掘，结果就挖出了这通碑，康熙更觉得灵验，于是即兴挥毫恭恭敬敬地写下了"敬佛"两字，为表深受佛法感化，便又为寺院取了个新名叫作"圣感寺"。

最后一层殿宇为"三圣殿"，殿内居中供奉着木胎贴金的西方三圣佛像。中间为西方极乐世界的教主阿弥陀佛，左右为两协侍有观世音菩萨和大势至菩萨。大殿前檐下所置铜钟，是1671年所造的，院中两棵七叶树为明代所植，已经有几百年的历史。

过三圣殿，再上18级台阶便是藏经楼院。院中楼宇为后罩楼形制，正北面的藏经楼面阔五楹，上下两层，两厢配弄楼各六间，也为两层，楼宇间木柱梁枋彩画精美、鲜艳夺目。

院中有两棵七叶树分植左右，高大繁盛，据说是从西藏移植而来，弥足珍贵。楼东是一棵茎干古朴的玉兰树，传说是明代所植。老干古拙，旁出新枝，春着繁花，晶莹圣洁，叹为奇景。

藏经楼东面有一处古朴的古建群落，这便是清代乾隆皇帝的避暑行宫，俗称"行宫院"。行宫院院门西向，院内栏楯相接，游廊环绕，雕梁画栋，奇石兀立，超然意趣，令人目不暇接。

乾隆皇帝曾四度幸临香界寺和行宫院，他在这里留下了许多诗篇

和墨迹。

千年古刹香界寺以其巍峨壮丽的殿宇楼阁，博大精深的佛家风范而感动着一代又一代帝王显宦和文人墨客。他们不但频频往游，而且留下了许多感人至深的不朽华章。

明成祖朱棣的重臣姚广孝在《题平坡寺》诗中赞叹：

平坡杳杳挹西湖，径断樵行败叶铺。

泉落石河涤愈急，云归沙树远疑无。

夜堂风静纾帷幔，晓井霜寒响辘轳。

但得余生辞世纲，卷衣来此日跏趺。

知识点滴

据《法华经》说，观世音本为男性，他是印度一位圣王的长子，名叫不眴。不眴和他的父亲、弟弟都跟随释迦牟尼出家修道。观世音又名"观自在"，"观世音"表明他"大悲"，"观自在"表明他"大智"。

菩萨有很多化身，能化现各种身相似"救苦救难"，化作女相只是其中一种。观音卧女相出现，大约始自南北朝时期。

我国佛教在隋唐时达至鼎盛，广大女性信徒需要一位接引女性的菩萨，封建社会，女性闺房中总不能挂罗汉像，当然以胸垂璎珞、发髻披覆、秀丽慈祥的女菩萨为适宜。

有人认为，女相观音的出现，说明大乘佛教不再认为"女身污垢"而排斥女性。如此依佛法而论，香界寺碑的留须观音线刻像也就虽特而不奇了。

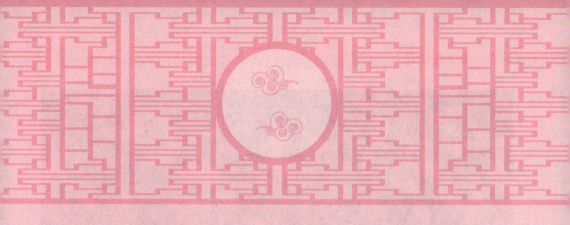

底蕴深厚的八大处古刹

灵光寺创建于唐大历年间，灵光寺坐北朝南，纵向布局。南部为大悲院和金鱼池院，北部分别为方丈院、塔院、居士院和大雄宝殿。

灵光寺宝塔巍峨，殿宇宏丽，古木参天，游廊逶迤。更有流泉飞瀑临崖垂泻，锦鳞追逐游戏莲池，钟磬悠悠，香烟袅袅，景致分外迷人。

山门殿面朝东南，高耸于数十级石阶之上，朱漆门

窗，金黄瓦顶，玉砌雕栏，铜钟铁鼎，一派富丽堂皇。廊檐之下高悬一方巨匾，上有"佛牙舍利塔"五个贴金大字，书法敦厚凝重。

步入殿门，可见幡幢高垂，锦绣精美，雕案俨然，法器琳琅。泰国已故僧王赠送的铜胎贴金巨制释迦牟尼佛像，居中供奉，仪态肃穆安详。

出山门殿后门便是塔院，在苍松翠柏的拱卫之中，一座雄伟壮丽的宝塔巍然屹立，这就是佛牙舍利塔。塔底是用汉白玉石铺砌的塔基、围栏和灯龛。中部镶嵌着青白石雕花门窗，上部是八角红砖塔身和13层碧瓦密檐，顶部是施金120两的鎏金宝瓶。

此塔内七层阁室，底层是碑室，二层为佛牙舍利堂，堂顶装朱底贴金蟠龙藻井。雕花彩绘画屏前设金刚宝座，座上以纯金七宝金塔供奉释迦牟尼佛灵牙舍利一颗。供案之上摆设各类贡品，再上五层是珍藏各种经书和法器的阁室。

　　心经壁宽30米，高7米。基座是花岗岩，墙面为青白石，顶部以绿琉璃瓦覆盖。经墙上为《般若波罗蜜多心经》，260个贴金行楷大字，字字禅风道骨，句句沁血殚精，使人叹为观止。

　　罗汉墙宽25米，高8.3米，通体为花岗岩雕砌。墙分五层构造，底层为基座顶层为廊檐，二四层分别为吉祥图案，第三层为核心，是五百罗汉图，综观罗汉图，其人物、鸟兽、花木、天梯、楼阁、祥云林林总总，个个栩栩如生，呼之欲出，是不可多得的佛教雕塑艺术珍品。

　　灵光寺塔院与鱼池院之间是一座五楹丹漆大厅，叫作"归来庵"。此厅北依青松，南临莲池，西接悬瀑翠竹，东延画廊古藤，四外风景如画。庵的主人名端方，号陶斋，清代光绪年间曾做过三地总督，最终因有违大清仪轨被免职，之后便到八大处建宅隐居。常以"箧有三山记；胸藏五岳图"和"爱读秦碑兼汉篆；好写奇字到名

山"自慰。昔日里，归来
庵里曾张挂过许多文词典
雅、书艺超绝的名人联
语，鉴赏者无不为之陶
醉。

归来庵南是一长方水
池，一座小巧玲珑汉白玉
拱桥将其一分为二。桥东
是辽招仙塔残基和一架明

代古藤，桥西连一座四角攒尖顶敞亭，亭上悬匾"水心亭"。

若值夏日，亭西峭壁悬瀑飞泻，亭外清池睡莲依依，池中锦鳞穿
梭嬉戏，一派生机勃勃的景象。

这个方池原来是放生池，是清代乾隆年间建造的，咸丰年间又将
池子扩大，放进了许多锦鲤。清代光绪年间，慈禧曾幸临灵光寺。

据说，一个夏末秋初的傍晚，慈禧来到水心亭观鱼，鱼儿们似通
灵性，都聚拢在慈禧面前欢蹦乱跳，慈禧一时兴起，呼唤随行的太监
潜入水中捉起一条最大的金鱼，摘下纯金耳环戴在鱼鳃上面，封这条
鱼为"领头"。

僧人见此喜出望外，把这条鱼看作是圣物，日后便精心饲养起
来。此事口口相传，"水心亭观鱼"遂成为灵光胜境中的一大趣事。

金鱼池东岸有一座古塔残基，这就是始建于1071年的画像千佛塔
遗迹。原塔13层，通体洁白，十分壮观，但最终却在一场劫难中被炮
火摧毁。

第二年，承恩寺的住持圣安和尚率僧重修灵光寺。一天，忽然在

塔基的瓦砾中发现了一个石函，打开函盖又见到一个沉香木匣，匣盖上有铭文：

> 释迦牟尼佛灵牙舍利，天会七年四月廿三日记，善慧书。

圣安当众开启木匣，果然发现佛牙一颗。于是将佛牙舍利供奉于灵光寺禅堂。古塔虽坏，残基犹存，足堪凭吊。

南行数步，穿过月亮门便是大悲院。院中是大悲阁，阁中旧时供奉铜铸千手观音一尊，后来被木雕千手观音所取代。阁前有碑两通，还有古楸树两棵。

大悲寺原名为"隐寂寺"，创建于宋辽时代，该寺独处丛林深处，层层殿宇依山势递升，错落有致，山门南向。大悲寺的首层建筑

是山门殿，硬山正脊灰筒瓦顶。檐下饰有丹青彩画，殿脊正中装饰"百鸟朝凤"砖雕图案。

正檐下嵌有一方汉白玉寺额，上面镌着"敕建大悲寺"五个大字，是清代康熙皇帝御笔。寺额下是汉白玉券门，自下而上对称浮雕白象、雄狮、腾龙和翔羊。

门楣正中雕饰着三尊神像，正中一尊人面鸟喙，是佛经中大鹏金翅鸟的应化形象。券门两旁是石雕花窗，饰有夔龙和忍冬草花纹，优美而庄重，两侧正脊门楼造型也很精致。

山门殿内居中是"大肚弥勒佛"坐像，眉眼如月，笑口常开，洋溢着一团喜气。四大天王分列左右，个个身披甲胄，手握法器，怒目圆睁，威风凛凛。

过山门北上，可见阶旁两池翠竹，黄皮绿叶，婆娑有声，十分可人。传为明代所植，原产于江南。

二重殿宇是大雄宝殿，殿脊正中饰"二龙戏珠"砖雕图案，两龙鳞爪分明，呈飘然欲飞之势，实为超绝之作。脊端的鸱吻和檐头的脊兽也不失脱俗之处，殿内居中供奉着释迦牟尼佛，胁侍为阿难和迦叶两大弟子，十八罗汉分列于两厢。

大雄宝殿中的十八罗汉均端坐于云石之上，悉心谛听释迦牟尼讲经说法，或若有所思，或舞器作法，个个活灵活现，堪称旷世之作。

这里的十八罗汉雕像之所以不同凡响，是因为其作者是我国元代最为著名的雕塑家刘元。据《中国人名大辞典》记述：刘元，字康元，拜尼泊尔雕塑家阿尼哥学塑印度佛像，造诣称绝。

当时京都名刹中所塑佛像均出自他手，神韵逼真，天下称颂。他亲手所塑三皇雕像精湛绝伦，深得皇帝赞赏，两度御赐宫女为妻，并擢升官职为昭文馆大学士。由此可见刘元当时所取得的成就和地位。

更为奇异的是，这十八尊罗汉像的胎体是用檀香木粉掺和细砂精制而成，飘散着沁人心脾的檀香。

大雄宝殿后面是大悲殿，此殿建于明嘉靖年间，面阔五间，檐下

悬"悲源海"匾额。抱柱联为：

不动道场东方成坯墟

琉璃世界西向现弥陀

殿中供奉一尊观音大师的彩雕坐像。表情悲天悯人，如同慈母。

最后一层殿宇是药师佛殿，结构布局和油漆彩画为清代官式的做法。殿貌富丽而庄严，殿内供奉着药师佛、日光遍照菩萨和月光遍照菩萨，12尊药叉神分列两边。这15尊神像内胎皆为香樟木，外表以足金贴饰，庄严华贵。

大悲殿前有两棵古老的银杏树，夏日枝繁叶茂，浓荫可蔽庭院，深秋时节黄叶纷落，碎金满地，这两棵雄性的白果树已有700余岁的高龄了。

大悲寺后有一条浅沟，沟里丛生着一片野海棠，夏日花开时绯红满谷，甚是可爱。这里曾发生过一个发人深省的故事。

据说在清代康熙年间，谷中有一眼山泉常流不涸，引得两匹金骒驹夜夜来此畅饮。一个贪人得知此事，便一连三年来此拴取。

一天夜里，金骒驹果然又来了，贪人急忙抛出绳索套住了一匹，不料那驹子力大无比，竟将那贼人拖下悬崖活活摔死了。

于是，两块形似金骒驹的山石就静静地卧在谷中，相传是大悲寺中的高僧施展法术后的遗物。

三山庵创建于1511年，山门面朝东北，是一座布局精巧，构筑工美的四合院落。山门殿为三开间，左右各开角门一扇，正殿五楹并配有耳房两间，两配殿门户相对分列于正殿两厢。

山门殿悬额"三山菴"，垂联"翰墨因缘旧；烟云供养宜"，正殿悬额"是大世界"，联题"慈目静心法相；和风甘雨祥云"。

东配殿外有一敞轩与其后门相连，两方横匾分悬于内外两额。内额题"建阳半幅精舍"；外额题"翠微入画"，为乾隆第六子永瑢题

书。轩柱有联写道：

远水近山澄雾色；

清风明月净禅心。

这里地势豁朗，视野开阔，临轩远眺，玉泉山塔，昆明湖水，紫禁城楼皆可尽收眼底。"春山杏林""虎峰觅翠""深秋红叶"和"层峦晴雪"等四季景致美不胜收。

人在三山庵，胸襟顿觉开阔，感慨何止万千。自古以来，多少文人墨客皆为三山庵诗情画境所倾倒而留下不可胜数的诗文画卷。

其中有明代的《观流图》《观泉图》和《观月图》，还有清代的《灵光指径》《香界重游》和《乾隆松石流泉闲坐图》等。

文墨者如此，佛门中高僧大德对三山庵更是情有独钟。最著名者当数深得乾隆皇帝尊崇，得赐紫袈裟，得封"阐教禅师"尊号的贤首宗高僧达天通理禅师。他曾隐居在此注疏《法华经》和著写《楞严指掌疏》。

后来，大钟寺的住持海峰源亮法师曾在三山庵居住疗养，并同著名的禅师崇理杲鉴一起共倡重修八大处证果禅林。

三山庵所占虽小却内藏珠玑，确是当时独领"三山"，名动宇内的"是大世界"。

长安寺又名"善应寺"和"善应长安禅林"，始建于明代弘治年间，后经清代顺治、康熙的两度重修，堂阁寮舍日臻完善，佛像器属一应具备，成为明清时期西山诸寺中的一座名刹。

寺朝东向，两进四合。有正殿三楹，由东向西依次为伽蓝殿、三世佛殿和观音殿。配殿30间，分列于正殿两厢。两院由三世佛殿左右两月亮门贯通，布局严谨和谐，建筑精良宏丽，既有明代建筑特色的遗风，又为清代建筑官式作法的典范。

长安寺院中空地旧时曾是果园菜圃，后被补种了紫荆、紫薇、玉兰等珍稀花木。花季时节，入寺作闲庭信步，百花争艳景象常使人流连不已。

三世佛殿前有两棵奇松，虬根霜杆，枝繁叶茂，传说是元代的铅松，据说有"松树大仙"的美称。

据明代崇祯年间史籍《帝京景物略》记载："善应寺，殿佛不结跏，高几危坐，仪如中土，两庑塑罗汉五百，穿崖踏海，游戏极

态。"

明末清初时，在后来龙泉庵的位置上并存着两座寺院。一为慧云禅林，一为龙王堂。前者建于明代洪熙年间，后者建于清代顺治年间，道光年间两寺合二为一，成了龙泉庵。

龙泉庵坐西朝东，寺门为硬山正脊门楼，青石匾额上刻着"龙泉庵"三字。进入寺门便是一雕栏方池，池壁以青石围砌，分外坚固洁净。池中碧水盈盈，清澈可鉴。

池水源自龙王殿下的拱形石洞，又经方池西壁石龙头口泻出，细流如注，经年不息。这水便是远近闻名的"龙泉"。

这"龙泉"之水甘醇清冽，无半点污尘。昔日有位自号"锄月老人"的隐士曾作过一首七言古风《甜水歌》赞美这龙泉庵里的"龙泉"水，《甜水歌》一下子传唱遐迩，"龙泉水"一时间名动京城。

院西有殿堂三楹，前有卷棚抱厦一间。殿厦构造都很精良别致。

厦下有抱柱联写道："威镇蛟鼍依泽国；德施江海赖安澜。"

殿门外有联语是："圣德施恩涤雨露；神威乘泽仰云霓。"

殿内供着泥塑彩绘龙王雕像面呈威严，貌若帝王。旁边分列雷公、电母、风伯和雨师等像，都十分生动传神，这殿便是"龙王堂"。

龙泉庵北部是另一组殿堂，由东向西依次为文昌阁、大雄殿、卧游阁和祖师堂。

文昌阁正门朝东，前悬横匾 "俯瞰大千"，后悬横匾 "得月先"。殿内供奉 "伽蓝神" 关公坐像，长髯飘飘，威风凛凛。

大雄殿面阔三楹，檐下匾额题写着 "灵通宇宙"，抱柱联语为："佛德巍巍丽中天之杲日；慈风荡荡振大地之春雷。"

黑底红字，庄严醒目。大殿之中莲花宝座之上供释迦牟尼坐像，左右是阿难和迦叶尊者。

大雄殿与文昌阁之间，南首西边是 "妙香室"，东边是 "听泉小榭"。小榭为敞厅式，精巧别致。檐下横匾书 "听涛山房"，柱间有 "当户老松生夕籁；满山红叶入新诗" 木制楹联。

小榭南门外还有一副联语："溪声尽是广长舌；山色无非清净身。"

语出佛典《陀罗尼经》，极尽龙泉庵溪声山色之妙。

大雄殿北边为 "闻妙香院"，院内多植珍珠梅等花木，尤其是两架古藤萝，春夏之交，绿叶垂条，紫英缤纷，生机无限。若能约三五知己于藤荫之下聊作小酌，确有恍入仙境之感。

清代康熙年间著名诗人汪文柏曾赋七律诗一首以记龙泉庵之胜：

松底潆池汇伏泉，苍髯偃盖镜中悬。
一泓湛碧浮金鬣，几树微黄蜕暮蝉。
云锁磬声僧闭户，日移刹影客笼鞭。
茗芽细瀹真甘洌，归带余香在舌边。

清代乾隆帝也曾幸临龙泉庵并作《御制龙王堂》诗：

> 古庙山坳里，披榛磴道赊。
> 树生刹竿石，鸟啄净橱沙。
> 水府石林秘，香台花雨斜。
> 所希惠时若，需泽始京华。

龙泉庵西倚平坡山，南临翠微谷，院落之中松高柏巨，气爽风凉。又有龙泉之水叮咚流泻，四时不歇，其幽雅清静可堪八刹第一。

知识点滴

在大悲寺流传着一个黄金炕的故事。这个故事是因银杏树而起。而在大悲寺前也曾有两棵银杏，是雌性的，只不过是被一场大火烧掉了。这是怎么回事呢？

原来，在大悲寺前那片空地上，每至深秋，两棵雌性银杏就结出密密麻麻的白色果实，那些像巴掌大的叶子由绿变黄，随着阵阵秋风一片片飘落在地上，很快就积了厚厚的一层，煞是好看。于是人们就把这块树叶铺成的空地叫"黄金炕"。

有一天，一个小孩在"炕"上玩耍时从树叶里摸出一个小铜钱来，就认为是菩萨保佑，一传十，十传百，人越来越多。

一天，一位老汉坐在黄金炕上抽烟，一不小心，烟火落在松软的树叶上，引起了一场大火而烧掉了银杏树。

大明湖

　　大明湖是山东省济南市三大名胜之一，是繁华都市中一处难得的天然湖泊，也是泉城重要的风景名胜，早在唐宋时期，大明湖就以其撼人心弦的美景而闻名四海。"蛇不见，蛙不鸣，淫雨不涨，久旱不涸"为大明湖的四大怪，被称为"中国第一泉水湖"。

　　大明湖景色优美秀丽，湖上鸢飞鱼跃，荷花满塘，画舫穿行；岸边杨柳荫浓，繁花似锦，游人如织。其间又点缀着各色亭、台、楼、阁，远山近水与晴空融为一色，犹如一幅巨大的彩色画卷。

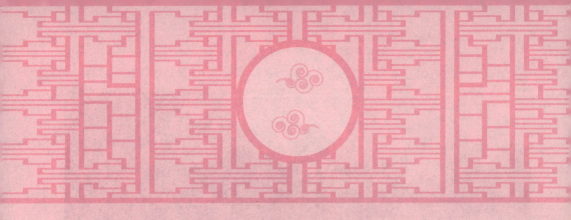

大明湖的形成与规模

    大明湖是一个由城内众泉汇流而成的天然湖泊，面积甚大，几乎占据了当时整个城区的四分之一，流经这片区域的诸泉在此汇聚后，经北水门流入小清河。

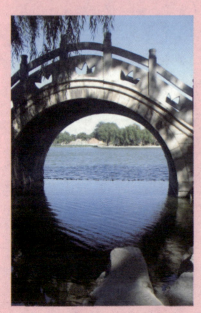

    大明湖湖面46万平方米，公园面积86万平方米，湖面约占53%，平均水深2米左右，最深处约4米。"蛇不见，蛙不鸣"和"淫雨不涨，久旱不涸"是大明湖的四大独特之处。

    我国北魏时期的地理学家郦道元，在他的《水经注·济水》卷中写道大明湖：

    泺水出历县故城西南……其水，北为大明湖，西即大明寺，寺东、北两面侧

湖，此水便成净池也。池上有客亭，左右楸桐负日，俯仰目对鱼鸟，极水木明瑟，可谓濠梁之性物我无违矣。

寥寥数语把大明湖的幽静景色描绘得淋漓尽致。

趵突泉水北流入大明湖，大明湖上建有客亭，客亭左右植有楸树、梧桐树，树冠可以背遮阳光。人们在此俯身可见池中的游鱼，举头可观树上的鸟雀，人和环境交融在一起。

唐代诗人杜甫青年时期，曾两度东游齐鲁。745年，诗人杜甫游历济南，适逢北海太守李邕至济，李邕在古历下亭设宴款待杜甫和济南名士，杜甫遂作《陪李北海宴历下亭》诗，其中的"海右此亭古，济南名士多"两句，传诵千古。

李邕亦作《登历下古城员外新亭》，诗写道："负郭喜粳稻，安时歌吉祥。"

据考证，古历下亭，就是上文《水经注》中提到的客亭。

北魏至唐代的几百年间，济南老城西北一隅有一片水域，在《水经注》中称其为"历水陂"，这就是北魏至唐的大明湖。陂者，池塘也，可见当时的大明湖水域并不大。

历下亭在大明湖中小岛上，因南临历山而得名。历下亭历史悠久，历经沧桑，位置多有变迁。

北魏时在五龙潭处，郦道元在《水经注》中将之称为"客亭"，是官家为迎宾接使所建，唐代初期更名为"历下亭"。

据《旧唐书》记载，天宝初年，齐州曾改为临淄郡，故此亭当时也称"临淄亭"。杜甫在《八海右古亭历下亭哀诗》中有"伊昔临淄亭"的诗句。

唐朝末期，历下亭渐废。北宋曾巩在齐州任职时，将亭重建于州宅后。之后，屡有兴废。

至清朝初期，山东盐运使李兴祖购买乡绅艾氏的地产，在大明湖重建历下亭。其规模比以前宏大，坐北朝南，檐额为"古历亭"。竣工后，又在亭西偏南，筑土垒石，建轩宇三间，轩西为宽阔的水域，晴空下，天光水色，一片蔚蓝，故题额"蔚蓝轩"。后来内立1748年乾隆皇帝《大明湖题》诗碑。

此后，历下亭的规模和形制又有变异。亭矗立在岛的中央，八角重檐，攒尖宝顶，红柱青瓦，斗拱承托，饰以吻兽，蔚为大观。

亭身空透，檐悬清代乾隆皇帝书写的"历下亭"匾额，内设石雕莲花桌凳。

亭北为"名士轩"，是历代文人雅士宴集之地。该轩坐北朝南，面阔五间，匾额"名士轩"。轩内西壁，嵌唐天宝年间北海太守、大书法家李邕和大诗人杜甫的线描石刻画像。东壁嵌有清代诗人、书法

家何绍基题写的《历下亭》诗碑。

整个岛上，亭台轩廊，高低错落，花木扶疏。春天，修竹婆娑，翠柳笼烟；秋日，湖水荡漾，荷花溢香，凉风徐徐，令人心爽，被称作"历下秋风"，为古时济南的八景之一。

据史书记载，在820年，济南进行了大规模的扩建，沿护城河到大明湖北岸一带修筑了高大的城墙，因当时城西有古大明湖，城北有鹊山湖，筑城用土只能在城墙内挖掘。

城墙筑好后，形成了城内北部和西部地区大片低洼地，加之湖底由不透水黏土和火成岩构成，于是城中诸泉水在此汇集潴积，形成大片水域，大明湖开始形成。

知识点滴

传说古时候，在济南的北郊有个大明国寺。寺内殿宇雄峙，亭阁林立，每天经声佛号，响遏行云，看上去极为庄重、排场。然而寺内的和尚却不守教规，勾结官府，欺压百姓。

有一个官人的母亲病了，官人的妹妹至爱至孝，便要去大明国寺为母亲烧香许愿，官人说什么也不同意。妹妹为治好母亲的病，每天晚上都偷偷地朝大明国寺的方向烧香祈祷，一月之后，母亲的病果然好了。

妹妹决心到大明国寺还愿，几个小和尚见这女子长得年轻漂亮，随起歹心。

官人得知后，抄起大刀，奋力向大明国寺追去，刚到大明寺附近，突然天空乌云滚滚，狂风大作，一声霹雳，顿时天塌地陷，大明国寺就这样沉入了地下。接着从地下冒出一片水，形成了一个很大的湖泊，就是大明湖。

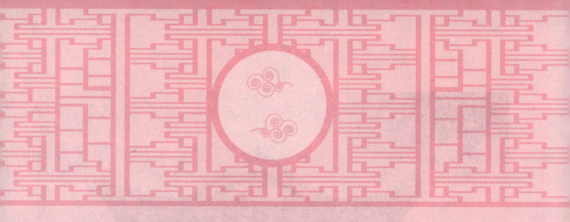

唐宋及后世的发展和改造

唐宋时期，大明湖的水域不断扩大，湖的东、西、北三面可至州城墙基，南面包括百花州并和濯缨湖相连。据考证，当时的濯缨湖水面相当宽阔，几乎覆盖了当时济南的北部大部分地区。

当时大明湖东部还没有形成宽阔的水面，水域和陆地相间，到处是被杂草遮蔽的荒凉的地方。由于济南地势南高北低，来自于南部山区的雨水和城内泉群的水流，常常毫无节制地宣泄城北，形成水患。

至北宋时期，大明湖开始整治，特别是曾巩知齐州期间，为防水患，进行了筑堤、疏水和挖渠等水利工程，大明湖基本成形。

曾巩字子固，江西南丰人，在宋神宗熙宁年间任齐州知州两年，在任期间，对济南的地理状况进行考查，对大明湖水域进行了系统的治理。

首先为了调节大明湖水，在其北部修建了北水门，因众泉汇流，从北水门泄出，故名"汇波门"。门上可供行人往来，所以也叫"汇波桥"。

　　城门规模和样式与一般的古城门差不多，所不同的是门洞下面不是大路而是水路。门洞的偏北设有水闸，以便宣泄城内积水，保持水位的平衡，并防止城外积水倒灌入城，从根本上解决了城北的水患问题。大明湖所以淫雨不涨，就与北水门调节水量有关。

　　紧接着，在水门上建"汇波楼"，面阔七间两层，翼角悬山，吻兽栩栩如生，风铃铿锵扬韵。四周白杨簇拥，如众星捧月。

　　楼建成后，元代的散曲大家张养浩为之作记写道"盖济南形胜，惟登兹楼，可得其全焉"，并咏《登汇波楼》诗，赞美这里的景色：

　　　　何处登临思不穷，城楼高倚半天风。

　　　　鸟飞云锦千层外，人在丹青万幅中。

　　　　景物相夸春亘野，古人皆梦水连空。

　　　　浓妆淡抹坡仙句，独许西湖恐未公！

清代乾隆皇帝也亲临并留下《登汇波楼》诗篇。汇波楼上悬"汇波楼"，汇波楼巍峨高耸，于上南可瞻历山、玉函等山，北可观华山、鹊山诸峰，湖内波浪碧绿，画舫争渡，涵光倒影，清澈映物，故昔有颜额"河山一览"。

若傍晚登至楼上，可看到另一派奇丽景色，向南俯瞰，南丰祠内，晏公台上，钟亭飞架，古柏杈桠，满院杨柳垂荫，修竹郁森。

院南一片荷红，远处波光粼粼，斜阳返照，晚霞尽染，万丈光辉，世称"汇波晚照"，为古时济南八景之一。

其次是筑百花堤。据考，曾巩在大明湖的东部修建了贯穿南北的百花堤，把湖分成东西两部分，是后来人们从南岸陆地登北岸诸亭之捷径，古之"历水陂"在曾巩的诗文中才有了"西湖"的称谓，而百花堤以东湖面则被称作"东湖"。

另外，曾巩还修筑了北渚亭、环波亭、百花台、水香亭和芙蓉台

等亭台，围绕着大明湖建起了泺源、芙蓉、百花、水西、湖西、汇波和北池等七座桥梁，这是历史上对大明湖最大一次开发。

由于为政有方，使齐州"市粟易求仓廪实，邑姬无警里闾安"，曾巩深受济南百姓的爱戴。当他调离济南时，百姓不愿他走，"既罢，州人绝桥闭门遮留，夜乘间乃去。"

在大明湖东北部，有"晏公祠"，祠中有台，名"晏公台"，是纪念水神晏戊子的，建于明代。

清代道光年间，历城知县捐资在晏公台东建曾公祠，立曾巩牌位供奉。清代光绪年间，山东巡抚又在晏公台西建张公祠，作为山东巡抚张曜的祠堂。

后来，根据百姓的意愿，将曾公祠、晏公祠和张公祠划为一体，改为专门纪念曾巩的南丰祠。

南丰祠在大明湖东北岸，北临汇波楼。南丰祠为清静幽雅的古典式庭园，总占地面积2535平方米，由大殿、戏厅、水榭和游廊等建筑构成。北边为大殿，南出厦，半壁花槛扇，抱柱悬楹联：

北宋一灯传作者；
南丰两字属先生。

大殿南面西侧戏楼高耸，楼内四周两层，南为戏台，其他隙地为坐席。昔日设茶座，可品茗看戏。与殿堂相对，靠近湖岸有水榭三间，四周环廊，东西北三面环水，内植荷莲，是赏景佳处。

殿堂东侧为后来在明朝末期建的晏公台，上有"明昌钟亭"，四面八柱，宝顶双檐。亭中悬挂原在湖南岸钟楼寺的金代明昌年间所铸8000千克古钟。东为小溪，近溪修竹郁森，成篁成林。院内花木扶疏，绿柳翠柏笼荫。

后来，在北厅内设"剑门书画馆"，陈列孙墨佛先生的书法珍品26件，手札12件。孙墨佛，号"眉园"，又称"剑门老人"，原籍山东莱阳，终年104岁，一生心胸豁达，修身清节，淡于名利。

南宋时期建炎年间，降金的伪齐王刘豫在济南城北开凿小清河，鹊山湖水被源源不断地导入渤海，湖面面积逐渐缩小，城西古大明湖水位也不断下降，鹊山湖、古大明湖的地位渐渐被西湖所取代，"大明湖"之名因久已不用而以西湖袭之。

金代文学家元好问在《济南行记》中称："历下亭之下，湖曰大明，其大占城三分之一。"

城北部的大明湖成为人们泛舟游憩的胜地。

13世纪的意大利旅行家马可·波罗在其行记中赞誉大明湖道："园林美丽，堪悦心目，山色湖光，应接不暇。"

清代嘉庆年间的山东学政刘凤诰撰有一副楹联："四面荷花三面柳；一城山色半城湖。"把大明湖的景色描绘得淋漓尽致，木刻的楹联一直悬挂在大明湖北岸的小沧浪亭上。

历经元明清历代的修建和重建，大明湖杨柳垂岸，画舫游艇穿行其上，楼台亭阁点缀其间，祠堂庙宇林立，成为济南最著名的游览胜地之一。元、明、清代有"济南八景"之说，而大明湖以历下秋风、鹊华烟雨、汇波晚照、明湖泛舟独占其半。

在大明湖的南门，旧时有连接大明湖和百花洲的鹊华桥。据考证此桥始建于宋代，明清时期重建，已有1000多年的历史，当时人们可以坐船从珍珠泉、百花洲经此桥下直接进入大明湖。

桥高4米，宽6.5米，站在桥上，近可观明湖泛舟，远可望鹊华二山，特别是夏季的雨天，近水远山都沉浸在一片苍茫烟雨之中，是为济南八景之一的"鹊华烟雨"。

元代大书法家赵孟頫的《鹊华秋色图》就是描绘了站在鹊华桥上北望鹊华二山所看到的景象，成为传世佳作，被画界誉为元代文人画的代表作。

鹊华桥附近可是当时济南最为繁华热闹的地方，一百多年前的刘鹗在《老残游记》中曾这样描绘：

> 到了鹊华桥，才觉得人烟稠密，也有挑担子的，也有推小车的，也有坐二人抬小蓝呢轿子的……街上五六岁的孩子不知避人，被那轿夫无意踢倒一个，他便哇哇地哭起。

从南门进入大明湖，首先看到的是一个湖中岛，岛上矗立着一个高大的八角亭，亭子南面悬挂着乾隆皇帝书写的"历下亭"匾额，这就是久负盛名的"历下亭"。

魏至唐代，历下亭在城西古大明湖上，称"客亭"，是官府为迎接宾客而建的亭阁。元代以北宋人的西湖作为大明湖，历下亭仍在大明湖上，但那时的历下亭并不在湖心岛，而是建在大明湖的南岸上。

清代扩建贡院，古历下亭被拆除。清代康熙年间，山东盐运使李光祖在大明湖湖心岛重建历下亭。

从历下亭乘船，几分钟的时间就来到了湖北岸的北极阁。北极阁又称"北极庙""北极台"，是元代在北宋北渚亭的遗址上兴建的，庙里供奉的真武大帝是道教信奉的神仙。

庙宇建在7米多高的石砌高台上，背城面湖，门前有30多级台阶，登台远眺，远可望群山葱郁苍碧，近可俯视大明湖全貌，是大明湖游览的胜地。

知识点滴

据野史记载，李清照的爱情就发生在大明湖。800年前的一个秋天，李清照在丫环的陪同下，到大明湖荡舟。暮秋的大明湖，别是一番景致。

雪松杨柳，断荷残藕，清照心绪清悠，诗兴大发。随即吟词一首：湖上波来风浩渺，秋已暮，红稀香少。水光山色与人亲，说不尽，无限好。莲子已成荷叶老，清露洗，萍花菱草。眼沙鸥鹭不回头，似也恨，人归早。

不料，这首好词正巧被岸上一个书生听到。那年轻人不是别人，正是金石学家赵明诚。于是，他们之间演绎了一段可歌可泣的爱情。

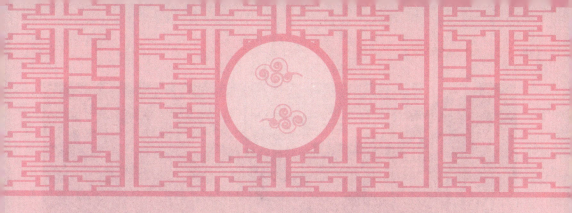

极富韵味的大明湖建筑

大明湖历史悠久，纪念古人政绩、行踪的建筑以及自然景观很多，诸如历下亭、铁公祠、小沧浪、北极阁、汇波楼、南丰祠、遐园、稼轩祠等，引得历代文人前来凭吊、吟咏。

大明湖南门，为一民族形式的牌坊，为南门牌坊，是后来从济南府学文庙迁到这里的。牌坊原为木结构，为五间七彩重昂单檐，饰有吻兽。坊顶黄色琉璃瓦覆盖，檐下云头斗拱承托，额枋彩绘有"旭日云鹤""金龙戏珠"和"西番莲"等图案。

匾额上书"大明湖"三个鎏金大字，12根斜柱支撑着三阶式错落的坊顶，柱础由石鼓夹抱。整个建筑金碧辉煌，宏伟壮观，被视作大明湖的标志。

牌坊西侧，立有清代嘉庆年间所立的《大明湖》石碑，为登州于书佃手笔。牌坊匾额"大明湖"三字，是依该碑字迹刻成。牌坊两侧，门房对称，歇山卷棚，上覆绿色琉璃筒瓦，显得玲珑典雅。

房前架雕栏小石桥，桥下各有石砌小溪。珍珠、濯缨等清泉经此溪注入大明湖。坊内设码头，柳浪垂荫，画舫停泊，往来渡客。

铁公祠在大明湖西北岸，为民族形式的庭园。占地6386平方米，包括铁公祠、八角亭、湖山一览楼和小沧浪等建筑，是大明湖中的园中园。

铁公，即铁铉，字鼎石，河南邓州人，明代兵部尚书、山东布政使。1400年，明燕王朱棣与其侄争帝，从北京发兵南下，兵至济南，铁铉固守，燕王屡攻不下，只得绕道进取南京。

朱棣夺取帝位后，复取济南，铁铉被执，不为屈服，受刑而死。后人为表彰他"忠烈"，故建祠祀之。清代乾隆年间，山东盐运使阿林保捐钱复建，后来的济南知府萧培元重修，并塑铁铉像，供在祠内。

整个院落由曲廊相围，东大门为朱红锁壳式门楼，迎门叠山石小品，青松垂荫，凌霄花攀援，作为障景。

东廊壁辟有异形窗，框成幅幅小景。西廊壁上，嵌清代铁保和阮元等书法家的题刻，其形体潇洒俊逸，其韵致深厚隽永，堪称书苑上品。东廊帧帧小品与西廊幅幅墨迹，遥相辉映。

祠堂居庭院东北隅，坐北朝南，面阔三间，前檐出厦，歇山起脊。穿过祠堂西侧曲廊，为湖山一览楼。该楼坐北朝南，上下两层，各五间。登楼可凭栏远眺青葱的群山，近览秀丽的大明湖。

院中偏小沧浪南为八角亭，宝顶重檐，斗拱错落，雕梁画栋，富丽堂皇。亭基为高台，台周雕石栏，内设石几石凳，可博弈赏景。

小沧浪在庭院内的西南隅，由清代乾隆时期的阿林保重修铁公祠时参照苏州沧浪亭建成。其名之典取自于《楚辞》中的《渔父》："沧浪之水清兮，可以濯吾缨；沧浪之水浊兮，可以濯吾足。"

小沧浪亭坐北朝南，半浸水中，长方形式，歇山飞檐，外设围廊坐栏。檐下悬山东巡抚觉罗崇恩题书的"小沧浪亭"匾额。亭周，三面荷塘，四面柳浪，小桥流水，莲花溢香。亭南连东西向长廊，西段廊上辟古典式小门，面湖，门额悬"小沧浪"匾额。

整个建筑采用借景手法，把湖光山色借入园内，于内正可欣赏。

清代著名小说家刘鹗曾在《老残游记》中描绘在这里所看到的景色：

　　到了铁公祠前，朝南一望，只见对面千佛山上，梵宇僧楼，与那苍松翠柏，高下相间，红的火红，白的雪白，青的靛青，绿的碧绿，更有那一棵半棵的丹枫夹在里面，仿佛宋人赵千里的一幅大画，做了一架数十里长的屏风。

　　低头看去，谁知那大明湖业已澄净得同镜子一般。那千佛山的倒景映在湖里，显得明明白白。那楼台树木，格外光彩，觉得比上头的一个千佛山还要好看，还要清楚。

后人将此景称为"佛山倒映"，为大明湖一景观。这里风景秀美，是人们品茗吟咏的胜地。

清代嘉庆年间的一个夏天，山东提督、学政、历史学家刘凤诰与山东巡抚、书法大家铁保，在这里宴饮，兴致勃然，刘氏即席赋得联语：

四面荷花三面柳；

一城山色半城湖。

铁保即席书丹。此联石刻嵌在庭园西廊壁洞门两侧，成为形容济南古城风貌的名联佳句。

庭园内巧石秀立，曲径蜿蜒，杨柳垂荫，紫藤攀援，翠柏储润，海棠流丹，修竹婆娑，杂花斗艳，蜂飞蝶舞，景色秀丽清幽。

稼轩祠在大明湖南岸遐园西侧，占地1400平方米，为纪念南宋时期的爱国英雄和豪放派词人辛弃疾而特别建造的。

辛弃疾字幼安，号稼轩，济南历城人。历任南宋地方行政长官。

为主张抗金，多次上书朝廷，后被贬谪，抑郁而死。其词作与苏轼齐名，并称"苏辛"。着有《美芹十论》《九议》《南渡录》《稼轩祠》《稼轩长短句》等。

稼轩祠为古代的官署型建筑，祠院坐北朝南，南北向三进院落，建在一条中轴线上。大门悬匾额"辛弃疾纪念祠"，门两侧蹲坐着雌雄石狮各一只。

门南为照壁，门内太湖石矗立作为障景。左右厢房各三间，北侧为过厅，面阔三间，院内国槐垂荫。

穿过过厅为第二院落，两侧是抄手半壁游廊。北为正厅三间，卷棚顶式，门楣额枋皆饰彩绘，上悬匾额"辛弃疾纪念祠"。楹柱挂对联："铁板铜琶继东坡高唱大江东去，美芹悲黍冀南宋莫随鸿雁南飞。"

厅内迎门处为辛弃疾塑像，四壁挂其生平事迹和名人字画，橱中陈列有关辛弃疾的各种版本的书籍。院内植有青松、银杏及石榴、百日红、月季等花卉。

　　厅后第三院落，北临湖滨，是作为休息的风景建筑。西廊壁饰有扇面、海棠叶等各种异形窗。北端游廊两层，与"临湖阁"相通。东廊向北依次叠升，直达阁上，每叠平台由假山石堆砌。

　　中段台上建小亭，供登楼中途稍憩。阁为两层，上建凉台，下设茶座，可于内观赏明湖景物。院内秀石玲珑，槐荫铺地，竹影移墙，榴花溢丹。

　　阁北水中七曲石桥，上饰石栏杆，下可通小舟。桥北接"藕亭"，六角攒尖，单檐宝顶，亭桥相衬，亭影浮动，也为明湖一景。

　　北极阁又名"北极庙""真武庙"，坐落在大明湖东北岸，为道教的一座庙宇。真武，是道教奉祀的北天之神，是北天七宿的化身。原名玄武大帝，后避帝讳，改为真武。

　　该庙建于1280年，筑在7米高的石镶土台上，占地1078平方米。正殿在中央，坐北朝南，后有启圣殿，南面为门厅，面阔各三间，东西

配庑殿。

院内银杏葱绿，翠柏碧透，古意颇浓。正殿佛龛内，塑有真武坐像，手持宝剑。两侧侍金童玉女。神龛前下方分别站有火、水、龟、蛇四将。

神龛左侧，塑青龙、赵天君、关天君、仙真、风伯和雷公。右边塑白虎、马天君、瘟天君、仙曹、雨师和电母。

殿内东西山墙上，绘制有精美的《真武大帝武当山传奇》壁画，其故事曲折，引人入胜。启圣殿为明代成化初年德王朱见潾建，塑有圣父母的坐像。

左右两侧侍有玉女，各持石榴仙桃。墙上壁画，皆为演奏、舞蹈和献果等祝寿场面。

置身于庙台之上，视野开阔。可眺望重峦叠嶂的群山，近可一览秀丽多姿的明湖景观，湖光山色，尽收眼底，是观景的理想去处。

汇泉堂坐落在大明湖东南隅水中小岛上。该岛景色极为幽雅，为夏日避暑胜地，人称"清凉岛"。过去，城内众泉多从这岛附近汇入大明湖。所以这小岛上的一眼清泉，便被命名为"汇波泉"，建于这里的一座寺院也就叫作"汇泉寺"。

汇泉寺始建年代不详，但据清代钱塘人吴华《重修汇泉寺碑记》记载，曾于清代嘉庆年间由当地盐商茅、张二氏重修，是年孟夏落

成，随后又召集同仁，每月捐资，聘请"信一"和尚为本寺住持，伺奉佛祖。

此寺原为两重院落，东侧依次为佛殿、关庙、公输子祠和文昌阁等建筑。佛殿为正殿，内供佛像。偏西为精舍四楹，名称"薜荔馆"，颇为雅致。

月下亭在大明湖北岸，北极阁西侧。亭子立在水池中央，形为六角尖顶，白柱青瓦，饰以彩绘，小巧玲珑，典雅别致。

池中蓄锦鱼，植王莲，池周自然石驳岸，顽石卧波。东侧紧靠北极阁处为假山，巨石陡立峭拔，嶙峋峥嵘。近植翠竹，飒飒有韵。

月下亭南北，各有白石小桥，南通湖岸，北通大厅。大厅与月下亭同时建成，面阔三间，处于数级台阶之上，坐北朝南，有白色楹柱贯顶，南面出厦，东西各有耳房一间，厅下有地下室。

堂周围幽篁，郁森蔽日，整个建筑显得很清幽。

　　大厅东侧有一小院，院中有两层小楼，楼上南侧设有阳台，可于上观览大明湖景色。大厅西侧，建有花室花圃，围竹篱，植松柏，自成体系。室内四季有春，即使隆冬季节，依然万紫千红，百花争艳。

　　月下亭是赏月的理想去处，亭南视野开阔，在这里可以观看"明湖水月"的胜景。当夜幕降临，明月当空，清光惠洒，柔波粼粼，湖天一色，垂杨如纱笼岸，亭榭隐现其间。溶溶月色，妙不可言。

　　遐园在大明湖的南岸，占地9600平方米，向来有"历下风物，以此为盛"的赞语，被誉为济南第一标准庭院。清代宣统年间，山东提学使罗正钧倡议兴建，园址建在昔日科举考场贡院的附近，希望能在这里大兴学风，造就人才。

　　该园是一所仿照宁波天一阁的古典庭园，素有南阁、北园的盛名。大门朝东，门外北侧，横一石碣，上刻篆书"遐园"两字，由罗正钧题写。门原有楹联"湖山如画，齐鲁好文"，后缺失。门两侧，

长廊向南北两个方向伸展。

进门假山，作为障景，顺势延至院南侧，占地颇广，山势陡峭，巨石嶙峋，有石径可登。上面有台，称"朝爽台"。台上有亭，四面单檐，称"苍碧亭"，也叫"风亭"。北侧山脚下，有池塘如镜，其水从湖中引来，蓄锦鱼，植荷莲。

山西池内建亭如船形，称"明漪舫"，因明湖船舟不能驶进遐园，故造船形亭，以象征。明漪舫四周绕以小溪，北流折东淌入湖中。

沿溪西岸，半壁长廊，廊北端折西南墙壁上，嵌相传岳飞墨迹石刻前后《出师表》。廊北东侧跨溪建桥，拱形若虹，名"玉佩"。桥北方塘，内生垂柳，植以荷莲。园北侧建"读书堂"。

堂东有山，山南有池，池岸有亭，为休息的场所。山上立"浩然亭"，六角单檐，于内可观"鹊华烟雨"及大明湖景色。

园内杨柳垂荫，修竹郁森，黄鹂鸣唱，韵味无穷。昔日，院内竹

篱门上悬挂一副木刻行书楹联"和风飞清响，时鸟多好音"，就是此景的生动写照。素日，于此读书、作画者甚多，这正是"湖山如画，齐鲁好文"的最好印证。

秋柳园在大明湖东南岸，因清初王士祯的佳作《秋柳》诗而得名。传说王士祯曾在这里读书。王士祯是清代济南府新城人，字贻上，号阮亭，别号渔洋山人。累官至刑部尚书，为清初文坛盟主，是极负盛名的诗人。著述甚丰，有《带经堂集》等传世。

顺治年间，王士祯游历下与诸名士会饮大明湖。时值初秋，叶始微黄若有摇落之感，王士祯身置其中，浮想联翩，乃赋《秋柳》诗四章。

这四首诗风格独特，震惊当时文坛，一时和者甚众。当时，文人雅士在此处成立"秋柳诗社"，后又建馆舍多间，观柳赏荷，即兴赋诗，挥笔联句，步韵唱和。

如今，秋柳园馆舍及水面亭已毁，然而景色依旧。大明湖波光潋潋，园内小溪潺潺，溪上虹桥卧波，湖中荷香四溢，溪岸垂杨披拂，人们常在柳荫下草坪上怀古凭吊，吟诗作文。

百花洲又名"百花汀""小南湖"，位于大明湖正门牌坊以南。古时水域很大，水由珍珠泉、芙蓉泉、王府池汇集而成，然后注入大明湖。

昔日，百花洲附近的居民多在水中植白莲，岸旁栽杨柳，四周房舍，参差错落，似水乡民居。

《老残游记》中所记载的"家家泉水，户户垂杨"，主要就是指的这一带。宋时，百花洲内建有百花台，因"百花堤"得名，又因百花堤为南丰先生曾巩所建，所以也叫"南丰台"。

百花台周围，鲜花烂漫，景色秀丽，曾巩曾写《百花台》赞美：

　　　烟波与客同樽酒，风月全家上采舟。
　　　莫问台前花远近，试看何以武陵游。

　　至明代，诗坛领袖李攀龙在百花洲建"白雪楼"，四面环水，设小舟往来渡客。后来明末诗人王象春又居于白雪楼，著有《齐音》《问山亭集》等。

　　在百花洲的南侧，昔日有"曲水亭"，为当时的济南棋社，棋林高手经常到这里品茗博弈。

　　该亭原是一座坐东朝西的三间小房，房前房后，小溪弯弯，流水潺潺，垂杨依依，有木桥渡客，亭门悬挂着清代文学家郑板桥为亭撰写的一副对联："三椽茅屋，两道小桥；几棵垂杨，一湾流水。"

后来小房倾圮，亭主将其改在水中，形为木制敞厅，四面回廊环绕，花格透窗，由远处望去，翠绿丛中，犹如盛开的一朵芙蓉。仍为茶室棋社，亭门楹联写道："历下亭中坐怀古，鹊华桥畔静观棋。"

历经沧桑，百花洲一带的亭台虽已残破，然而景色依然秀丽。北侧近临大明湖，水光潋滟，芙蕖映绿；西岸建有花园，四季有春，蜂飞蝶舞；南岸小桥卧波，清溪潺湲，柳浪闻莺；东边矮屋短墙，鳞次栉比，错落有致，仍然为江南水乡风貌。

清朝末期，由于社会的动荡，湖区缺少治理，大明湖面积逐渐缩小，风物也屡遭破坏。

大明湖西南部水域日渐缩小，开辟西部商埠，东西车马人员往来增多。清代光绪末年，新开乾建门，修筑乾建门里街直通鹊华桥，把西南大片水域与大明湖分开，南边的水域人们俗称"小明湖"或"南湖"。